Nancy, ¿qué hago?

Dra. Nancy Álvarez

AGUILAR

AGUILAR

Título original: Nancy, ¿qué hago?
© 2011, Nancy Álvarez
© De esta edición:
 2011, Santillana USA Publishing Company
 2023 N. W. 84th Ave., Doral, FL, 33122
 Teléfono (1) 305 591 9522
 Fax   (1) 305 591 7473

Nancy, ¿qué hago?
Primera edición. Septiembre de 2011
ISBN: 978-1-61605-203-4
Diseño de cubierta: Quest queststudio.com.mx
Imagen de cubierta: Shutterstock images / bioraven
Fotografía de la autora: Catriel Leiras
Diseño y montaje de interiores: Mauricio Laluz

Published in The United States of America
Printed in USA by HCI Printing

12 11   1 2 3 4 5 6 7 8 9 10

Índice

Agradecimientos

A mis pacientes, a mis televidentes, a la gente que comparte conmigo, en libertad, por cartas y correos electrónicos, etc., lo que siente. Gracias a ellos he adquirido la experiencia para escribir este libro.

A mi hija, de quien tan orgullosa me siento. Ella fue quien me obligó a practicar parte de lo que digo aquí; a su lado crecí, pensé y maduré. Siento que con ella tengo una verdadera relación significativa.

A mi padre, Plinio Álvarez Valera. Gracias a él amo tanto la lectura y soy psicóloga, terapeuta de familias y parejas.

A mi madre, Gloria Díaz de Álvarez, quien desde otra dimensión me sigue exigiendo y amando. Ella me enseñó a luchar, a ser fuerte, a seguir hasta lograr mis metas.

A cada una de mis hermanas y a mi hermano; a mis sobrinos y sobrinas: todos han aportado mucho a mi vida. Gracias por ser quienes son.

A Gerard, el hijo varón que no tuve. Él me escucha y me protege.

A mis amigos, pocos pero muy buenos. En especial a Charo, una amiga que más que amiga fue una hermana postiza a quien nunca

podré dejar de extrañar. Sé que desde esa otra dimensión me cuidas cada día y me defiendes. Eres mi ángel guardián.

A mis profesores, que al igual que mi madre, están en otra dimensión, pero que me inspiraron y me forzaron a crecer: Winston Álvarez, Doña Toñita Suazo, Jaime Rijo y Job Luis Blasco.

A mis terapeutas, Dr. Segundo Imbert Brugal, Dr. Pedro Savage y Lic. Xiomara Rosario. Ellos son responsables, en parte, de lo que soy.

A mis amigos y profesores, Joaquín Disla y Vicente Vargas. Con ellos aprendí a fondo lo que era la relación de pareja.

A la Dra. Carmen Julia Castillo, mi gran amiga ida a destiempo recientemente, quien tanto me empujó a terminar este libro. Ella recopiló las cartas y me daba su opinión como terapeuta familiar que era. Sin su ayuda y apoyo en el proceso, jamás lo hubiese logrado.

A Casandra Badillo: trabajar a su lado en la corrección y realización de este libro ha sido una hermosa y divertida experiencia.

A Diane Stockwell, mi agente literaria, por su perseverancia y su manera respetuosa de motivarme a escribir más y más libros.

INTRODUCCIÓN

Mientras estaba de vacaciones en mi país, me encontré con un amigo, el pelotero José Guillén, y me invitó a su casa. Me dijo que su esposa, Yamell, era una fanática de mi programa, *¿Quién tiene la razón?* Yamell me contó muy entusiasmada que su madre y su hermana, cuando tenían un problema, decían "¿Nancy, qué hago?". Eso me encantó. Me dije a mí misma: éste es el título de mi próximo libro. De ahí surge este otro intento de educar a mi gente.

Cada día recibo cerca de quinientas cartas, correos electrónicos y preguntas telefónicas de casi el mundo entero. Gracias a mi práctica clínica de más de treinta años he podido adquirir una manera muy efectiva de enfocar los problemas emocionales. Durante un vuelo de regreso a Miami desde mi país, República Dominicana, uno de mis televidentes me comentó que cuando veía mi programa de televisión se sentía como si estuviera en una "licuadora de conocimientos", y que

nadie usaba tantos enfoques diferentes como yo para ayudar a entender al ser humano. Eso me gustó porque expresa de manera gráfica y sencilla lo que realmente hago. Estudié medicina varios años, pero como no quería abrir cadáveres y ya no podía cantar, sólo estudiar, decidí cambiar a psicología clínica, ya que estudiaba medicina para ser psiquiatra. La psicología clínica está bastante cerca de la psiquiatría, y pude volver a cantar. Gracias al Dr. Rafael García Álvarez descubrí el daño que me había causado la terriblemente *mala* educación sexual que había recibido de las monjitas con quienes estudié; eso me llevó a realizar una maestría en Terapia Sexual y de Parejas. Me volví el quijote de la sexualidad de una media isla donde los hombres y la Iglesia querían mi cabeza. Pero, por culpa de mi amiga Zelided Alma de Ruiz, me enamoré de la terapia familiar y ha sido un amor largo y profundo; de hecho, poco me falta para obtener un doctorado en terapia familiar. El estudio de la sexualidad seguía interesándome y decidí mudarme a Miami para realizar un posgrado en la American Academy of Clinical Sexologists (Academia Estadounidense de Sexólogos Clínicos) con el fin de ingresar al American Board of Sexology (Consejo Estadounidense de Sexología).

Mientras vivía en Miami, en los años noventa, me enamoré nuevamente de la hipnoterapia, el PNL (programación neurolingüística) y los procesos de memoria profunda (Roger Woolger). Si a eso le sumamos el canto, el teatro, la televisión y el cine —mi más profundo amor—, el resultado es una loca única: *yo*. Parafraseando al poeta Pablo Neruda, ¡confieso que he vivido!

El ser humano es complejo; es imposible conocerlo, entenderlo y ayudarlo sin recurrir a diversos enfoques profundos. Quizás por eso recibo tantas preguntas. Éstas llegan a mí a través del programa de televisión y de mi página de Internet; en fin, es una tarea ardua contestarlas todas. A pesar de ello, lo intento. Afortunadamente, hoy ya podrá hacer muchas preguntas y encontrar las respuestas en este libro. Muchos de esos cuestionamientos se encuentran aquí y con respuestas más amplias y divididas por temas.

Considero esta tarea un reto. Trato de no caer en el error de dar "recetas" a las personas que me escriben. En psicología, las recetas no funcionan, porque todos somos diferentes. Según Hermann Hesse, "Todo ser humano es un punto irrepetible en el universo". Cada día confirmo esto en

mi consultorio. Por tanto es muy difícil, por no decir imposible, ayudar dando recetas. Tampoco pretendo imponer mis creencias y valores a nadie, y Dios me libre de juzgar a quien me pregunta.

He tratado de reunir temas que comúnmente me llegan, agregando cartas que tienen que ver con estos temas. Cada tema tiene una introducción y termina con una conclusión general, además de recomendaciones finales sobre el tópico en el que se enfoca cada capítulo. Mi ilusión es que éste sea un libro de consulta para mi gente, un rayo de luz que los guíe por un camino correcto y funcional.

Desde los años ochenta comprendí que lo que había estudiado era *demasiado* importante como para que los demás no lo supieran. Más de treinta años atendiendo pacientes me confirman que saber sobre lo esencial de la psicología, la sexualidad, la pareja, la educación de los hijos y la terapia familiar evita serios sufrimientos, divorcios, embarazos indeseados, etcétera. Aprender a vivir, es lo *único* que no nos enseñan en la escuela; sin embargo, ¡ésta es la materia más importante que debemos aprender!

CAPÍTULO I

Seguimos siendo analfabetos en el "chacachaca"

Introducción

En el pasado la sexualidad era vista como algo pecaminoso. Este tabú ha sido desmantelado parcialmente debido, en gran medida, a la acción de muchas personas que hemos luchado para que hoy se pueda hablar de sexo y de sexualidad de una forma más abierta y más clara. Las mujeres que hablamos de sexo o que somos sexólogas lo hemos pagado caro. Desde que empecé a hablar de sexualidad, ningún hombre me ha enamorado; he tenido que "buscármela" (o sea, ingeniármelas) para tener algo de chaca-chaca. Por esta razón tengo soledad vaginal crónica varias veces al año y he tenido que aplicar mi lema: masturbarse más. Las razones son obvias: por siglos se ha supuesto que los "expertos en sexualidad" son los hombres, y ese machismo no les permite ni pensar en ir a la cama con una mujer experta en sexo. Casi siempre se enfrentan, perdón, nos enfrentamos, con una huelga de "tripitas caídas" (penes sin erección).

Tengo un cuñado percusionista —uno de los mejores del mundo—, Guarionex Aquino. Se preocupa mucho por mi viudez vaginal, y alguna vez me hizo el siguiente comentario, "Mis compañeros músicos constantemente me dicen que se mueren por ir a la cama contigo. Suponen que eres una matatana [quien más sabe de algo, la mayimba, el mejor en lo que hace] en la cama. A veces piensan en enamorarte, pero les da terror; se imaginan que los estarás guiando durante todo el acto: eso se hace así; no, así está mal... en fin, te tienen terror".

Algunos amigos me llaman La Maradona del Sexo, pero no me enamoran. Otros me llaman la Dra. Ruth Latina, la Dra. Corazón, la Reina del Chaca-Chaca... y yo sigo sufriendo soledad vaginal, ¡viudez vaginal! Es el pago por saber mucho de "eso". Cierta vez un hombre en mi país me dijo, "Usted habla de sexo como si fuera un hombre, como hablamos nosotros... eso nos intimida".

En gran parte del mundo aún se piensa que una mujer es seria, digna de ser la esposa de un hombre, si es sexualmente recatada y sólo ha tenido relaciones con uno o muy pocos hombres.

Para muchos sigue siendo ideal que la mujer sea virgen (aunque no entiendan qué es eso), pero a nadie se le ocurre pedir lo mismo de los hombres. Los calificativos despectivos e insultantes que se aplica a las mujeres que han tenido varias parejas son innumerables: "avión", porque aterriza en cualquier parte; "sorda", porque le dicen que se siente y se acuesta; "el saludo", porque no se lo niega a nadie; otra palabra de cuatro letras y que comienza con P..., además de prostituta, fácil, zorra, mujer descarriada, y muchas más. Un hombre mujeriego sigue siendo considerado "un macho", y tiene permiso para jugar con los sentimientos de las mujeres, debe ser un experto sexual... un pene erecto caminando por el mundo.

Donde el horno no está para galletitas es con los homosexuales y los transgénero (se cree que ambas cosas son lo mismo). Tendríamos mucha tela para cortar con este tema, pero amerita otro libro.

Seguimos siendo analfabetos sexuales, a pesar de los embarazos de adolescentes, las infecciones de transmisión sexual y el sida. Ya es hora de

proporcionar una verdadera educación sexual, y no sólo la información sexual que cualquier adolescente o niño puede encontrar en Internet: cómo evitar embarazos, cómo nacen los niños, qué es la menstruación, etc. Yo quisiera que alguien me explicara, como si yo tuviera cinco años, quién nos enseña lo que es una relación íntima, el sexo responsable, cómo ser pareja, cómo educar a nuestros hijos, cómo funciona una familia. El analfabetismo sexual no nos deja ver que todo lo que tiene que ver con la pareja (y la educación de los hijos es parte integral de ésta) es educación sexual.

Si queremos una sexualidad más responsable, más funcional, más sana... sólo tenemos un camino: la educación sexual integral, y ésta debe impartirse desde la infancia. Tenemos que educar a los padres, a los maestros, a los médicos, a los políticos, a los periodistas, a los cineastas; esto es: a todos.

Nunca voy a olvidar lo que me contó mi profesor de sexualidad humana, el Dr. Rafael García Álvarez. Un día, mientras llevaba a sus dos hijos a la escuela, escucha a su hijo pequeño decirle al

mayor, "Mira, esa mujer le cortó el pene a su marido porque está embarazada". El doctor, horrorizado, le pregunta que de dónde había sacado semejante idea, mientras oye al hermano mayor reírse a carcajadas. Entonces comprende que no importa lo que le enseñe correctamente a su hijo, siempre le hará más caso a su hermano que a él.

¿Si eso le pasa a un eminente profesor de sexualidad, qué les espera a quienes ni siquiera le hablan de sexo a sus hijos? La mayoría de la gente que hoy pisa esta tierra es analfabeta sexual. Algo tan importante como el sexo —tanto que fue escogido por Dios como la forma de que viniéramos al mundo— no debe ser ocultado, temido ni visto como asqueroso o malo.

Casi nunca estamos frente a un problema sexual; casi siempre estamos frente a un problema de comunicación. El sexo es comunicación. Cuando perdemos la comunicación a nivel de sentimientos y emociones, perdemos el deseo y la pasión. ¿Y qué es el sexo sin eso?

Amigos con derechos

Querida Nancy:

Desde hace unos meses he estado saliendo con un buen amigo de la infancia. Siempre nos hemos llevado muy bien, y últimamente he conocido no sólo al amigo sino al hombre que hay en él. Hemos tenido sexo en diferentes ocasiones y ha sido celestial. Él es un hombre muy tierno, detallista, responsable, maduro, respetuoso; es todo lo que busco en un hombre y siento que sin querer me he enamorado de él.

Es aquí donde viene el problema: me enamore de él y tengo miedo porque, aunque sé que no le soy indiferente, él no quiere ninguna relación conmigo más que la amistad (eso me parece). No sé si podemos; es más fácil mantener una amistad que un noviazgo; tengo miedo a un rechazo de su parte. ¿Qué me sugieres? ¿Debo hablar con él? ¿Debo alejarme?

Espero tu respuesta. Gracias por tu atención.

La Confundida

Querida Confundida:

De verdad que está confundida. Están teniendo sexo, pero siguen hablando de que son amigos. Le han cambiado el nombre al miedo al compromiso: ahora lo llaman amistad. Está llamando al diablo,

pero recuerde que no es lo mismo llamar al diablo que verlo llegar. Él ha sido claro con usted: sólo quiere ser su "amigo", ¡pero se acuesta con usted! Los amigos no se meten a la cama juntos; tan pronto hay deseo sexual y sexo, ya no es amistad, ya es pareja... aunque a los hombres les encanta tener lo que llaman "amigas con derecho".

¿Qué es un amigo con derecho? Alguien que tiene miedo a comprometerse y la usa, y lo peor es que usted lo permite. Esto me recuerda la canción de Alberto Cortez que reza: "úsame, utilízame".

Una relación es algo muy serio, no se juega con ella. Hacer el amor no es beberse un vaso de agua. Cuando hacemos el amor se mueven profundas fuerzas inconscientes que no podemos manejar a nuestro antojo. Nunca permita que la usen, respétese un poco más, respete su cuerpo y sus emociones. Si va a la cama con alguien, se merece tener una relación previa que no sea una amistad, porque, le repito, los amigos no se meten a la cama juntos.

Pero ya cayó en el gancho, ya la tienen agarrada por la boca como al pez. Intentó hablar claro y la sorprendieron con un jarro de

agua fría: "sólo quiero ser tu amigo". Si yo fuera usted, saldría volando de ahí aunque tuviera que ir a un terapeuta las veinticuatro horas del día. Debe hacerlo por dignidad, autorespeto y para que pueda conservar lo poco que le queda de salud mental.

Preste atención a este consejo: las palomas no le deben tirar a las escopetas, ni siquiera en una época de liberación femenina como la que estamos viviendo. A los hombres no se les enamora tan a la clara, cogen miedo. Si él no le ha demostrado nada, si sólo quiere ser su amigo, está fea para la foto. ¿Sabe por qué? Porque, como siempre digo: para amar hacen falta dos. El amor es algo espontáneo y no se puede forzar. Algo tiene a su favor y es que de la amistad al amor hay un solo paso. Coquetéele finamente, trate de conquistarlo sin que él se dé cuenta. Pero si sigue siendo sólo su amigo, tendrá que resignarse. Volverá a amar, y esta vez asegúrese de ser correspondida y de tener una relación clara y previa antes de ir a la cama.

¡Suerte!

Sexo no relacional

Querida Nancy:

Quiero hacerte esta pregunta: si yo estoy ena-morada de una persona y hago el amor con otra, quiero saber que me sucedería si hago el amor con una persona de mi familia.

La Desesperada

Amiga Desesperada:

Si usted está enamorada de una per-sona no veo por qué tenga que hacer el amor con otra. Se supone que hacemos el amor con la persona de quien esta-mos enamorados. Si se siente atraída por otra persona además de su novio, debe tratar de controlar esos impulsos. Todos nos sentimos atraídos por diferentes per-sonas, pero una cosa es atracción y otra muy diferente, amor. A mí me encantan Antonio Banderas y George Clooney, pero eso no quiere decir que estoy enamorada de ellos, ni que haría el amor con ellos. Si hacemos el amor con todo el que nos atrae, en poco tiempo tendríamos sida, virus del papiloma, herpes genital, entre muchas otras infecciones de transmisión sexual. Además, hay otro asunto impor-

tante: el tener relaciones sexuales indiscriminadamente sólo produce un gran vacío emocional, y terminamos sintiéndonos usados.

Me pregunta sobre hacer el amor con una persona de su familia. Esto depende de la cercanía del parentesco. Si es un primo del que está enamorada y asume hacer el amor de forma responsable, no veo nada negativo. Pero si es un hermano o su papá, debe buscar ayuda profesional urgente.

La siento confundida, perdida. Haga una cita con un buen terapeuta, lea más sobre sexualidad y recuerde que el sexo es algo hermoso que el Señor nos legó, no un deporte ni una competencia.

El sexo debe ser ejercido con responsabilidad y teniendo en cuenta que podemos afectar emocionalmente al compañero si jugamos con sus sentimientos.

No abuse ni se deje abusar. Esos son malos caminos para su salud mental y para la salud mental de su compañero.

¡Que Jesús le dé luz!

Querida Nancy:

Lo que me impulsa a escribirle es presentarle mis problemas. Me siento angustiado. Soy un joven de veintisiete años, tuve una mujer, nos casamos, pero mi amor fue muy maltratado por ella debido a la traición. Después de tres años pensé experimentar otra vida con una mujer mayor que yo. Esta señora tiene 44 años. Me siento adicto a ella. Quise saber por qué, lo intenté con otra mujer de 45 años y pasó lo mismo. Pero a la hora de tener relaciones, no tuvieron éxito, producto de la naturaleza caída. Me sentí muy triste y avergonzado al pensar en esa mala experiencia. Por favor necesito ayuda.

El Preocupado

Amigo Preocupado:

Si eres adicto a tu compañera de 44 años, es normal que hayas vivido un episodio de impotencia o disfunción eréctil por algo evidente: ibas a engañar a tu compañera. Precisamente lo que te hicieron. La culpa y el hecho de repetir la conducta que te hizo daño podrían ser la causa de tu disfunción eréctil situacional. No te avergüences de eso; nunca debemos avergonzarnos de lo que no podemos controlar y, salvo que seas de Marte o Júpiter, ningún terrícola masculino puede controlar su erección. Esto es algo totalmente involuntario,

por tanto, no tienes la culpa. Explícale eso a tu "viejeva" y no le dés más mente al asunto, porque entonces sí puedes tener serios problemas. Todos los hombres tienen alguna vez en su vida una experiencia semejante. Es el resultado de querer tener sexo no relacional cuando se tiene una relación afectiva con otra persona.

El sexo no relacional es muy común en los hombres. Los doctores Ronald F. Levant y Gary R. Brooks han hecho varios estudios sobre la sexualidad masculina y los problemas que surgen en el sexo "sin relación", que son producto de lo que la sociedad les pide y de los roles que les han enseñado erróneamente (ser el mal llamado "sexo fuerte", no llorar, tener dinero, no tener miedo y ser un pene erecto caminando por la vida). Estos roles los llevan a una serie de expectativas de sí mismos y de sus parejas que son virtualmente imposibles de llevar a cabo, y que sólo los llevan a conductas disfuncionales y al fracaso en las relaciones.

El hombre aprende a que "está bien" tener sexo divorciado del afecto —lo que los doctores llaman sexo no relacional—, sin intimidad o vínculo emocional, sólo guiado por la lujuria. Este tipo de sexo es experimentado por la mujer como si fuera for-

zada, casi violada, mientras un hombre lo ve como que simplemente "negoció" tener sexo con ella.

Lo triste del caso es que este sexo sin relación es común; es una adaptación "defensiva" del hombre a las exigencias inhumanas que le hace esta sociedad. Es mucho más complejo que simplemente decir que los hombres son de Marte y las mujeres de Venus. Se encuentra muy relacionado con las diferencias de género y cómo somos socializados por ellas. Es muy importante conocer mediante la educación el efecto, el significado y el origen de este sexo sin relación ni afecto, ya que afecta a la pareja, a la familia y al futuro de la sociedad. Y más que a nadie, afecta a los hombres que lo practican porque les impide desarrollarse; contribuye a que fracasen en su matrimonio y a que se queden solos en su vejez. A su vez, es aprendido por los hijos y repetido una y otra vez hasta el infinito, lo cual perpetúa el dolor, la infelicidad y la desconexión entre los hombres y las mujeres del mundo.

Con esto no quiero echarle leña al fuego, no quiero sumarle más a la guerra que existe aún entre los sexos. Mi actitud es conciliar, tratar de que la mujer entienda al hombre y lo ayude a dar

el paso, a subir el escalón que necesita, para convertirse en "el nuevo masculino" que pide a gritos esta sociedad.

Hay que enfrentar el problema y no hacer como el avestruz. Las estadísticas de divorcios indican que las mujeres "dejan" sus matrimonios dos veces más que los hombres. En otras palabras, hay una desconexión entre el hombre y la mujer. ¿Seguiremos ignorándola?

Si el hombre sigue presentando esa conducta con frecuencia, es hora de hacer una cita con un buen psicólogo y sexólogo. Lo penoso es que muchos hombres alardean sobre su conducta sexual: es de machos tener varias novias; es de machos jugar con los sentimientos de las mujeres; es de machos el ser infieles, tener amantes, y acostarse hasta con una cucaracha con falda si la ocasión así lo amerita. Lo cual es totalmente disfuncional e inaceptable en esta época de tantas infecciones de transmisión sexual y de pandemia de embarazos entre adolescentes, hijos sin padres, etc. El sexo es hermoso, pero es un acto de mucha responsabilidad.

¡Mucha suerte!

Hola Nancy:

A casi tres años de haberme divorciado, después de nueve de matrimonio, he llegado a la edad de cincuenta años. Desde que tengo uso de razón, soltero o casado, siempre he sido muy activo en el sexo. Sin embargo, en los últimos dieciocho meses me he abstenido por dos razones: una, por no gustar del sexo plástico (condones) y la otra, por querer ser fiel a la nueva y hermosa relación que quiero llevar a feliz término. Mi pregunta es: ¿podría esto afectarme en el futuro inmediato? Dicen mis amigos que esta abstinencia y los treinta años que llevo fumando me han de dejar impotente.

Muy atentamente,

Llegati

Querido Llegati:

Aunque a mayor actividad, mejor respuesta sexual, no creo que un poco de abstinencia logre volverlo impotente. El cigarrillo en grandes cantidades, sí. La nicotina puede afectar la erección. Masturbarse puede ser una solución en lo que puede tener relaciones sexuales con ese nuevo amor. Sé que muchos le dirán que a su edad la masturbación no debe ser, que eso es para adolescentes, etc. No les haga caso: si usted no se siente mal, es la mejor y más segura opción.

Lo llamado por usted sexo plástico, o sea, el uso de condones o preservativos, sí que es un asunto serio. En esta época tener sexo sin condón o sea, "ir al cumpleaños sin gorrito", es tremendo riesgo. Me explico: la gran incidencia de VIH, de herpes genital, de virus del papiloma, entre otras infecciones de transmisión sexual que andan por ahí, es una realidad espeluznante. Todos estamos en riesgo. Cada vez que usted se acuesta con alguien, se está acostando con todos los que esa persona se acostó. El riesgo existe incluso en una relación monógama (tener sexo con una sola persona), ya que no sabe con quién le puede ser infiel esa persona, en cualquier momento, y basta una sola relación sexual para infectarse. Las pruebas de laboratorio sólo dicen que hasta ese día usted estaba bien; si en la noche se infecta, no sale. Hay quienes dicen que aquella persona parece limpia, no tiene muchas parejas, etc. Ese tipo de infecciones no se ven en la cara de la persona... y basta con sólo una noche, una pareja, para infectarse. Por lo que le digo: sin gorrito no hay cumpleaños.

Por otro lado, permítame felicitarlo: es reconfortante oír a un hombre hablar de fidelidad.

¡Que la Fuerza lo acompañe!

Parejas del mismo sexo

Querida Nancy:

Yo soy gay, estoy "asfixiado" por un muchacho que me tiene loco. Cuando nos conocimos y nos enamoramos, vivimos una etapa preciosa. Un día se presentó en mi casa y me dijo que él no era gay, que yo lo había seducido y engañado, haciéndole creer que teníamos algo, pero que él era heterosexual y que lo dejara en paz. Me acusó de inducirlo a pensar y actuar como gay, y que si me atrevía a decir que entre nosotros había pasado algo, me sometería a la justicia por difamación.

Nancy, no entiendo nada. Hemos vivido más de tres años un amor intenso, apasionado, con una vida sexual activa y satisfactoria. Yo había tenido experiencias homosexuales y él no, pero no es un menor, yo no lo obligué y nunca se mostró con culpa o inseguridad en su orientación sexual. Somos dos profesionales, adultos y solteros… no entiendo. ¿Qué le pasa a este hombre que amo tanto? ¿Qué hago, Nancy?

Amante Frustrado

Querido Amante Frustrado:

Es muy difícil ser homosexual en esta época y en esta sociedad. A menudo se afirma lo contrario; hay leyes que dicen prohibir la discriminación por la orientación sexual de una persona… pero eso

es "buche y pluma nada más"... o sea, mentira. Seguimos rechazando a los homosexuales, los seguimos tratando como seres de otro planeta, y en el fondo tenemos miedo a las personas que son diferentes a nosotros en su orientación sexual. Otros todavía creen que la homosexualidad es un virus que se contagia, muchos los ven como seres enfermos y dañinos para la sociedad, etc. Esta actitud que, repito, aún persiste, es una vergüenza para la humanidad. Nadie elige ser gay, y el mundo les debe mucho a los grandes artistas, científicos, escritores, profesionales de las leyes, la medicina, etc., que son o fueron homosexuales. Hay seres humanos que nunca superan ese miedo al rechazo, a enfrentar a su familia, a la sociedad, a sus amigos, a sus compañeros de trabajo, etcétera.

Su amante tiene un ataque de miedo agudo que lo ha llevado a hacer algo natural pero muy desleal: culpar a otro de mi conducta, negar mi realidad y "proyectar" en los otros lo que no quiero ver en mí, lo que no puedo aceptar. Eso no se supera sin la intervención de un terapeuta, sin enfrentar su "sombra". Pero le tengo una mala noticia: él está al principio del proceso, ¿está usted dispuesto a esperarlo? Muchos se quedan en esa

etapa. ¡Otros llegan a tal grado de negación que se casan y hasta tienen hijos!

Si me pide un consejo, le diría: olvídelo. Más pa'lante vive gente, en casa de concreto y hasta con vista al mar.

¡Que la Fuerza lo acompañe!

Sexo en el hombre y sexo en la mujer

Querida Nancy:

Soy una joven de veinte años. Mi problema es el siguiente: tuve relaciones sexuales con un hombre casado; no sé cómo pasó en realidad; me presionó.

Ahora me siento muy deprimida; pienso que ningún otro hombre se casará conmigo. Después tuve un noviazgo durante dos años sin tener relaciones sexuales. Le comenté a mi novio lo que me había pasado. Me dijo que no era raro en esta época, que no me preocupara mucho, pero con el tiempo terminamos porque él es evangélico y quería que yo también lo fuera. Él quería cambiar mi forma de pensar, de actuar, y eso no puedo hacerlo por nadie.

Mi pregunta es la siguiente: ¿Tengo que vivir con un hombre que no quiero, porque me hizo mujer? Él me ha propuesto vivir con él. Siempre soñé con tener una familia con un hombre soltero, pero ya no sé qué hacer; dígame usted qué hago.

Que Dios le bendiga por su gran saber.

Alba

Querida Alba:

Tú eres un ser importante, eres hija de Dios y Dios no hace disparates. ¿Crees tú que Dios te valoraría por tener un pedacito de membrana, llamada himen, en la entrada de tu vagina? ¿Es eso lo que determina la calidad

humana, el valor de una mujer? ¿Merece un hombre, que te exige virginidad sin él tenerla, que tú lo ames?

Una pareja debe ser un espacio para sentirnos escuchados, comprendidos, amados y valorados. Si esto no se da, la pareja es un fracaso. Los seres humanos necesitamos ser libres, crecer, desarrollarnos, para poder aportar a una relación de pareja. Debe existir una posición de igualdad, de "yo aprendo cosas de ti, y tú de mí".

Ámate y valórate más; tú puedes lograrlo. No tienes que vivir con un hombre que no amas sólo porque tuviste sexo con él, y además, una galleta con gorgojo, o sea, un hombre casado. Sólo por un momento imagínate que sales embarazada; tu hijo viviría una situación muy rara: no podría tener a su padre, quizás no podría relacionarse con sus hermanos, nunca pasaría unas Navidades con su padre, ni podría viajar con él. Si tú quieres ponerte en esa situación tan horrorosa, es tu decisión, pero afectará a tu hijo, tu salud emocional y tu futuro. Aléjate de inmediato de situaciones con hombres no disponibles; sólo conducen al dolor. ¡Más pa'lante vive gente y en casa de concreto! Libérate de esas cadenas.

¡Dios te ama y bendice; no lo dudes!

Querida Nancy:

¿Se puede considerar normal a un hombre que no le guste hacer el sexo oral? A mí me llamó una compañera de alcoba, quien, rato después de hacer el amor, me pidió que le hiciera otra variante del sexo, a lo cual no accedí. Para más información, le informo que en los treinta y tantos años que llevo cumplidos, nunca he sentido atracción por esas aberraciones o fantasías sexuales. Considero que, con los atributos sexuales con los que me dotó la naturaleza tengo suficiente para satisfacer las ansias normales de amor de cualquier mujer. Estoy consciente de que muchos hombres realizan esta práctica, pero no va conmigo.

El Perplejo

Querido Perplejo:

Todo está permitido dentro del acto sexual si ambos miembros de la pareja están de acuerdo. El orogenital es una caricia muy popular y, según "El informe Hite: Estudio de la Sexualidad Masculina", es una de las caricias preferidas por los hombres. Pero si a usted no le gusta practicarlo, no debe sentirse anormal, como tampoco debe pensar que es anormal quien lo disfruta. Sería bueno que leyera más sobre sexualidad o que tomara un curso. Su carta destila ignorancia sexual y

serios conflictos sobre lo que es un sexo sano por sus concepciones un tanto arcaicas. Lo primero es que la palabra aberración ha sido eliminada del diccionario sexual desde hace años. No se usa por ser muy despectiva, en su lugar se usa "parafilia". También debo informarle que el orogenital no es una parafilia, sino una práctica totalmente normal y, repito, es la caricia preferida por la mayoría de los hombres en el mundo. Además, es una práctica muy vieja.

Podría entender que tenga problemas con su sexualidad, que sea un analfabeto sexual, que haya sido afectado por una cantidad de tabúes originados en la educación que recibió de sus padres o en su escuela. Lo que no entiendo son sus ínfulas de superioridad cuando lo que dice simplemente refleja ignorancia y tabúes de la época de las cavernas.

Busque ayuda profesional urgente o será tildado de mal amante por muchas féminas... yo, entre ellas.

¡Que La Fuerza lo acompañe!

Querida Nancy:

Escojo este preciso momento para dirigirme a usted y explicarle mi problema, que es que no puedo dejar de fumar, no tengo fuerza de voluntad. La masturbación me hace daño, me masturbo mucho, no puedo dejar de masturbarme. Tengo la mente muy dividida sin saber qué camino escoger y, de seguir así, mi futuro será peor. Me preocupa mucho porque no consigo novia y no tengo mujer.

El Ansioso

Amigo Ansioso:

Tú no pusiste ningún seudónimo en tu carta y yo te puse "El Ansioso" porque lo que me cuentas tiene ese nombre, ansiedad.

Cuando nos masturbamos tanto y fumamos tanto, estamos tratando de calmar nuestra ansiedad. ¿Qué nos pasa, qué origina esa ansiedad? Ésa es la pregunta del millón de dólares, y la respuesta que tienes que encontrar, pero dudo que la puedas encontrar solo. Si así fuera, no estarías tan ansioso. El no conseguir novia es más de lo mismo: las personas que están como tú, en desarmonía, se les hace muy difícil lograr sus objetivos. Recuerda que una relación, una novia, una compañera, no es un cigarrillo que lo compras y lo fumas. Los

sentimientos surgen espontáneamente; no los puedes planear ni controlar a tu antojo. Busca ayuda profesional para encontrar los orígenes de tu ansiedad; me parece que estás muy desesperado. La ansiedad y la desesperación son muy malas consejeras y conducen a serios problemas de salud, tan serios como los infartos. No tienes problemas de sexualidad; repito, es tu alto grado de ansiedad lo que te lleva a masturbarte tanto.

¡Que Dios te guíe!

Querida Nancy:

Soy un joven de veinte años y llevo tres años con mi novia de veintiún años, a la cual quiero muchísimo. El problema es que desde hace diez meses hemos intentado tener relaciones sexuales. Hasta ahora lo único que nos falta es la penetración. He intentado con mi pene y con los dedos. Con el pene, no he llegado a penetrar mi glande en su vagina porque le duele demasiado; y si uso mis dedos, entran, pero le duele muchísimo también, y además no siente placer.

¿Será que tengo el pene muy grueso o ella es muy estrecha, o he causado algún problema? Ayúdeme. Hemos hablado bastante sobre nuestro futuro, lo que pensamos hacer, y ahora tenemos este problema. Ella me dio mucha confianza, y además lo deseamos.

Le confía,

El Inquieto

Querido Amigo Inquieto:

No te culpes, no creo que tengas la culpa de nada. Tu novia parece tener una disfunción sexual llamada dispareunia (dolor en la penetración), o quizás sea vaginismo (contracciones muy fuertes e involuntarias de la vagina al intentar ser penetrada), pero eso no es lo más importante ahora.

Lo que sí es urgente que hagan es buscar la ayuda de un profesional.

Primero deben consultar con un buen ginecólogo y después con un sexólogo, y preferiblemente que este sexólogo sea también psicólogo, ya que en el caso de ustedes hay asuntos emocionales que hay que resolver. Si nada de eso funciona, la hipnosis puede ayudarla.

Por gordo que sea tu pene, la vagina se adapta. ¿Recuerdas que por la vagina pasa la cabeza de un niño? No creo que sea ése el problema. Haz lo que te recomendé y todo se resolverá.

¡Suerte!

Querida Nancy:

La felicito por todas las actividades que realiza a favor de la educación sexual y de otros temas, en especial los que trata en su programa.

Soy un joven de veinticinco años y tengo serios problemas, tal vez por ignorancia o por poco conocimiento, que necesito entender, y creo que sólo usted puede ayudarme.

Quiero preguntarle si es normal que cuando me masturbo y tengo relaciones con mi pareja, eyaculo en un minuto. En realidad esto me preocupa como usted no se lo imagina, porque sé que no estoy satisfaciendo a mi pareja, y eso me tiene de mala manera. Sé que puede ser eyaculación precoz. ¿Pero cómo es la cosa? Por favor, respóndame tan pronto pueda, aunque soy paciente y además reconozco lo ocupada que está su agenda. Espero su respuesta. Muchas gracias por adelantado. Mucho éxito, que siga cosechando frutos, ayudando a las personas y que Dios la bendiga.

Atentamente,

Watson

Querido Amigo Watson:

Bienvenido al club. Son muchos los hombres con un problema parecido al tuyo. Lo primero que debes hacer es tranquilizarte; tu problema tiene solución.

Según Helen Kaplan, una de las sexólogas más famosas del mundo, un 90% de los hombres que sufren de eyaculación precoz puede corregir este trastorno con un tratamiento relativamente corto. O sea, que de cada diez hombres que tienen eyaculación precoz, nueve se sanan. También es una disfunción sexual muy común.

La característica fundamental de la eyaculación precoz es que el hombre carece de control voluntario adecuado sobre la eyaculación, y como resultado llega al clímax antes de quererlo. Esto es lo más importante: llegar al clímax involuntariamente, antes de quererlo. Te recomiendo primero que te compres un libro sobre los ejercicios que debes hacer (existen varios). Si no funciona y sigues teniendo con frecuencia esa respuesta cuando haces el amor, entonces debes buscar la ayuda de un buen terapeuta sexual. Si con una terapia sexual no resuelves el problema, entonces prueba otros tipos de terapia, tales como la hipnoterapia (hipnosis), terapia de pareja o de orientación analítica. Muchas veces la disfunción sexual no es mas que un "síntoma" de un problema emocional profundo o de un conflicto de pareja. Así como la fiebre no es una enfermedad, sino que es una infección lo que produce fiebre.

¡Que todo te salga bien!

Sexo en la pareja

Querida Nancy:

Que Dios te bendiga siempre. Mi problema es el siguiente: tengo veintitrés años y mi esposa tiene veinte años. Tenemos dos años de casados y ella casi nunca llega al orgasmo; dice que la lastimo porque tengo el pene un poco grande y torcido. ¿Qué puedo hacer? Yo reconozco que es verdad, es muy torcido. ¿Me podrían hacer una operación, para ver si se me endereza?

Esposo Preocupado

Querido Esposo Preocupado:

Todo tiene solución en esta vida, no te desesperes. Existen posiciones que pueden ayudarte en lo que se refiere al tamaño de tu pene. Ojalá que esto lo lean muchos hombres y mujeres que creen que un pene muy grande es necesario, que es un orgullo. Como bien has podido comprobar, un pene grande puede generar ciertos problemas en algunos casos. En cuanto al pene torcido, sería bueno que fueras a ver a un urólogo, porque me parece que se trata de la enfermedad de Peyronie.

Una vez que se haya determinado exactamente lo que pasa, una visita a un sexólogo sería de gran ayuda, tanto para

discutir lo de las posiciones como para restaurar la confianza y ver si realmente tu esposa se está excitando lo suficiente, ya que la vagina se extiende y adapta al tamaño del pene si la excitación es suficiente.

La sexualidad es algo muy delicado, cualquier situación influye en nuestra respuesta. Es importante evaluar los miedos de ambos ante estos inconvenientes que les ha tocado vivir.

¡Que la Fuerza te acompañe!

Querida Nancy:

Que Dios te bendiga y te guíe para que sigas ayudando a tantas personas. Mi problema es el siguiente: soy una joven de veintidós años. Estudio y trabajo. Hace un tiempo me enamoré y luego de tres años de amores me casé. Actualmente tengo seis años de casada. Mi esposo es un muchacho joven, de veintitrés años. Él también estudia y trabaja, y la verdad es que nos llevamos muy bien. Mi problema es que cuando tenemos relaciones me es casi imposible alcanzar el orgasmo. Digo casi porque ha habido algunas pocas ocasiones en las que he podido conseguirlo mediante el sexo oral, pero muchas veces ni siquiera así puedo lograrlo. Muchas veces he tenido que fingir. No me atrevo a decirle a mi esposo la verdad porque se sentiría engañado y no me lo perdonaría.

Por artículos que he leído, pienso que su fro de anorgasmia. La verdad es que me siento desesperada. Él me gusta y me excita con tan sólo tocarme, pero cuando hacemos el amor sólo siento rabia y frustración. Muchas veces hasta le he hablado mal como si él tuviera la culpa, cuando yo sé que no es así.

Nancy, mi padre murió cuando yo tenía cinco años y recuerdo que en esos tiempos un esposo de una tía mía y un hermano mío llegaron a manosearme. Yo nunca me atreví a decir nada pues estaba horrorizada y con el tiempo lo fui olvidando. Ahora me pregunto si eso me afectó de algún modo que me impide tener una vida sexual normal con este hombre que amo.

Te suplico que me contestes. Ante todo me preocupa mi salud sexual, espiritual y la estabilidad de mi matrimonio, pues juré ante el altar que será para siempre. Además me preocupa tener que vivir un engaño, necesito sentirme una mujer normal. Te suplico que me ayudes.

Atentamente,

La Anorgásmica

Querida Amiga Anorgásmica:

Es indudable que ese abuso sexual a tan tierna edad, y con el agravante de la muerte reciente de tu padre, está afectando tu vida sexual actual. Por eso el abuso es un crimen, daña a las personas y a su sexualidad.

Lo primero que debes hacer es hablar con tu marido; cuéntale sobre el abuso que sufriste y tus problemas; no le finjas más orgasmos. Claro, hazlo cuando te sientas lista. En segundo lugar, te recomiendo que compres algún un libro acerca de cómo alcanzar el orgasmo (hay varios en el mercado). Estos libros contienen ejercicios; hazlos. Lo tercero que debes hacer es buscar ayuda profesional y asistir a los grupos de apoyo para personas que han sido víctimas de abuso.

Tú no eres responsable de lo que te pasó, no te culpes. Hay salidas y puedes superarlo, pero debes trabajar en eso y crear un vínculo de verdadera comunicación con tu esposo.

¡Dios te bendiga!

Querida Nancy:

Soy una joven de veintitrés años, tuve mi primera relación a los diecisiete y desde hace cuatro años que no he vuelto a tener sexo. Durante mis experiencias sexuales, las cuales fueron esporádicas pues no soy casada, siempre tuve miedo de no satisfacer a mi pareja por ser muy ancha, aunque él siempre experimentaba orgasmos y me decía sentirse satisfecho. Aun así yo pensaba que no lo estaba complaciendo adecuadamente, y eso me hace sentir mal. Por eso quisiera que usted me aconsejara, ya que tengo miedo de empezar una relación nuevamente pensando en eso.

Aconséjeme por favor; quiero vivir una vida sexual plena, pero el hecho de pensar que soy ancha no me deja tenerla.

Sé que su tiempo es muy limitado, pero necesito de su orientación ya que le di a ese hombre mi virginidad y se fue, me dejó sin ninguna explicación y parece que ya no le interesa nada conmigo. Al principio, cuando me dejó y no respondía mis llamadas ni me dio ninguna explicación, estaba tan rabiosa que no comía, ni dormía, casi me volví loca. Intenté suicidarme, estuve sumida en una gran depresión. Ahora poco a poco estoy saliendo de ese oscuro hoyo en que me sentía. Aún siento mucha rabia. Le di mi virginidad, y para mí eso es muy importante. Jugó con mis sentimientos y jamás he sabido de él. Me usó como si fuera un vaso plástico desechable.

Que el Señor me la cuide siempre por todas las orientaciones que nos ofrece.

Amiga Abandonada

Amiga Abandonada:

Es muy simple creer que un hombre se comporta así porque no sabemos hacer el amor o porque somos "anchas". El asunto es mucho más complicado. El punto es que los hombres, en su mayoría, no son responsables con las personas que aman; juegan con los sentimientos de las mujeres, no saben manejar los afectos, y quieren mantener relaciones con dos mujeres a la vez para verse en más líos todavía. Ese irresponsable no se merece tanto dolor, y mucho menos que tú pienses en quitarte la vida. Es difícil que lo olvides con tanta rabia tragada; debes sacar esa rabia. ¿Sabes adónde dirigirla? A él. Escríbele cartas y expresa todo eso que sientes. Habla con él y dile todo lo que deseas decir. Lo menos que puede hacer es oírte. Si él está en un sitio donde tú no puedes localizarlo, escríbele a su correo electrónico. Tienes derecho a ser escuchada.

Por lo que me dices veo que valoras mucho la virginidad. Recuerda que tú eres mucho más que una membranita a la entrada de la vagina. Valórate, haz ejercicio, eso te ayudaría a sacar la rabia; busca ayuda profesional, date permiso para sentir lo que sientes y, sobre todo, perdónate. Acepta que no

supiste elegir a la persona a la que le ibas a entregar todo. La próxima vez debes ser más cuidadosa.

En cuanto a si eres muy ancha, ve al médico para evaluarlo. Es raro que eso te esté pasando sin haber tenido hijos. La vagina se ensancha y se desgarra cuando hemos tenido varios partos vaginales. En esos casos se puede reconstruir con una operación sencilla. Lo ideal para prevenir esto es hacer ejercicios de contraer y aflojar la vagina, cada vez que lo recordemos. Es el mismo ejercicio que hacemos cuando apretamos para aguantar cuando no podemos ir al baño. En fin, ese problema tiene solución; me preocupa más tu situación afectiva, emocional.

Como siempre digo: más pa'lante vive gente y en casa de concreto. La vida es hermosa y continúa. Esta experiencia te debe permitir aprender sobre la vida y el amor; a eso hemos venido al mundo. Después de un tiempo podrás perdonar a ese estúpido, digno de lástima, al que le permitiste que te dañara tanto emocionalmente. Volverás a amar, te lo aseguro, y esa vez quizás encuentres y elijas a alguien que valga la pena.

¡Que Dios te guíe!

Querida Nancy:

Muchos saludos y aprecios. Quiero comentarte algo que me tiene muy intrigada. Oí en uno de tus programas a una joven que estaba preocupada porque consideraba que su marido iba a pensar que ella estaba loca o era fuera de lo común por darle varios orgasmos a la vez. Yo particularmente no le creo. Ningún hombre es capaz de hacer que una mujer tenga más de cuatro orgasmos. Ella y él serán entonces de otro planeta.

Yo solamente le doy a mi marido como máximo tres y mira que disfruto de verdad. A mi entender, eso no puede ser verdad. Y si es cierto, que me excuse, y que sea muy feliz en su relación tan arrolladora.

Le pedimos a la persona de tan encantador "don" que se comunique con usted de nuevo por medio de cartas para que nos ayude a muchas, que de verdad necesitamos agradar a nuestros maridos. No me estoy burlando de ella. Pero, ¿cree usted que sea cierto, Nancy? ¿Puede una mujer tener esa cantidad tan enorme de orgasmos? Y eso que ella dice que tiene más de quince en cuatro horas. ¿Puede ser posible?

Devuélvame pronto la respuesta por favor, ya que esa joven sin quererlo nos ha preocupado a mí y a mis amigas por nuestra relación con nuestros maridos.

Atentamente,

La Contrariada

Querida Contrariada:

¡No se contraríe por tan poca cosa! Es cierto, una mujer multiorgásmica puede tener mucho más de quince orgasmos en cuatro horas. Una mujer multiorgásmica puede tener hasta cinco o seis orgasmos en cada coito con su pareja sexual. Existen mujeres que pueden tener orgasmos con sólo ser besadas por sus amantes o esposos. Existen mujeres que incluso antes de ser penetradas han tenido varios orgasmos. Algo diferente pasa con los hombres. En eso usted tiene razón: pocos hombres pueden tener más de dos o tres orgasmos, y esto disminuye con la edad. Los hombres de más edad duran más tiempo, aunque difícilmente tienen más de un coito con orgasmo. Esto es sumamente beneficioso para la mujer, ya que necesitamos más tiempo que el hombre para excitarnos. Tengo que decirle que también los hombres pueden ser multiorgásmicos, si hacen lo que tienen que hacer (y que se explica en varios libros que tratan sobre este tema). Básicamente consiste en aprender a tener un orgasmo sin eyacular, hasta que al final se eyacula.

En un programa de televisión muy popular, se hizo una encuesta sobre mi respuesta a la pregunta

de cuántos orgasmos se pueden tener en una noche de amor. Los resultados me llevan a una triste conclusión: qué mal estamos, sexualmente hablando, los latinoamericanos. Según los que llamaron o escribieron al correo electrónico, la mayoría tiene un sexo aburrido, mecánico y pobre. Es una pena. Solo el 27% considera que se pueden tener más de veinte orgasmos en un encuentro sexual.

Antes se creía que sólo una cantidad mínima de mujeres eran multiorgásmicas, o sea, tenían la capacidad de tener muchos orgasmos seguidos. Hoy sabemos que todas las mujeres tienen la capacidad de ser multiorgásmicas. Si lo es o no lo es, depende de que su compañero la estimule tan pronto empiece a "bajar" al tener un orgasmo, a entrar en la etapa de resolución. Al ser estimulada sexualmente al poco tiempo de obtener su primer orgasmo, logra que la mujer vuelva a estimularse y tenga uno, dos, tres, cuarenta orgasmos si quiere... algo maravilloso. Cuando alcanza el último, es tan fuerte y placentero, que es una experiencia casi de éxtasis.

Además se creía que los hombres no podían tener más de un orgasmo. Ya está comprobado científicamente que el hombre, si logra separar la

eyaculación del orgasmo con ejercicios simples, puede ser multiorgásmico como la mujer. Lo único que debe aprender es a llegar al orgasmo sin eyacular. Esto se consigue con un simple ejercicio, adquiriendo control sobre el músculo pubocoxígeo. Hará el amor toda la noche sin parar hasta que no quiera más y entonces eyacula.

Este tema es tan viejo como la humanidad. En Oriente se practica el sexo tántrico, el cual consiste, entre otras cosas, en aprender a tener orgasmos múltiples. Ellos descubrieron mucho antes que la ciencia que mientras más orgasmos tengamos o más nos acerquemos a él y lo detengamos, más fuerte y gratificante será el orgasmo final. Hicieron del sexo una experiencia de éxtasis plena, un arte.

Nosotros, debido a nuestra cultura judeocristiana, tenemos una serie de tabúes sobre la sexualidad, y por ello tenemos un sexo muy mecánico, muy casero y rutinario. Ojo, hombres, si algo odia una mujer es tener sexo monótono, casero, mecánico. El hombre, por su miedo a perder la erección, tiende a ir directo al grano. Además de que se satisface mucho más rápido que la mujer, no disfruta al hacer el amor y termina siendo muy

mal amante. Las mujeres queremos un amante de mano lenta, adoramos el sexo gourmet, el sexo que es como una buena cena: despacito, suavemente y tomándose su tiempo.

Ya lo he dicho en varias ocasiones: he observado que la mayoría de los hispanos tenemos mucho que aprender sobre este tema. Hemos confundido la práctica con la teoría. Los hombres hispanos, sobre todo, practican mucho; pero en teoría, en conocimiento sobre sexo, sacan cero si les dan un examen. Sin teoría no puede haber buena práctica. La sexualidad es algo que se desarrolla, nace con nosotros y no tiene límite; los límites se los ponemos nosotros mismos. En el placer sexual, el cielo es el límite.

Estoy segura que los de esa encuesta nunca se han leído un buen libro sobre sexualidad, nunca han intentado pasar horas haciendo el amor. Pobrecitos: lo que se están perdiendo.

Por último, no es su marido quien le da el orgasmo a usted. Usted y sólo usted es responsable de su orgasmo. Él puede crear el ambiente adecuado y acompañarla en el camino, pero cada quien es responsable de su orgasmo.

No se angustie: el sexo no es una carrera para ver quién tiene más orgasmos; el sexo es mucho más que eso. Pero si quiere ser multiorgásmica como la señora del programa, lo puede lograr. Y definitivamente, debe ponerse al día... No sabe lo que se está perdiendo.

¡Suerte! ¡Que el Señor la bendiga!

Distinguida Nancy:

Aprovecho la ocasión para decirte que te admiro mucho por ser tan sincera y franca, y por decir la verdad a las personas que van a tu programa sin importar si se sienten bien o mal. Te felicito por tu franqueza.

Nancy, mi preocupación es la siguiente: estoy teniendo sexo anal, y tengo mucho miedo cuando lo tengo, porque pienso que puedo tener una hemorragia anal o un desgarramiento del ano. Estas relaciones son de mutuo acuerdo entre nosotros, no estoy obligada ni lo hago por complacerlo. Pero es un serio problema ya que el miedo me está matando. Dime si puede ocurrir lo que te dije anteriormente, o si puedo continuar porque no me va a pasar nada. Apelo a ti, porque sé que eres la única persona que me puede ayudar.

¡Que Dios te bendiga y sigue adelante con tu programa, que está ayudando a muchas personas!

Lala

Querida Lala:

Los pequeños vasos sanguíneos de esa zona de nuestro cuerpo se rompen muy fácilmente. Por esa razón se recomienda tener mucho cuidado en la penetración: usar un lubricante y preferiblemente hacerlo con un condón o preservativo, ya que otra posible consecuencia de las rela-

ciones anales es la infección si después se penetra la vagina sin haber lavado el pene con agua y jabón. Esto es un tanto difícil porque implica parar la relación sexual. Es más fácil quitar el preservativo y entonces penetrar la vagina, pero aún así no es seguro.

En las relaciones anales es más fácil que se transmita el VIH porque se rompen vasitos sanguíneos durante la penetración. Como sabrás, el contacto con la sangre y la oportunidad de llegar rápidamente a la circulación sanguínea, son dos factores determinantes en el contagio del virus.

Por otro lado, quiero reiterarte que la penetración anal es considerada normal por los sexólogos, siempre y cuando las dos personas involucradas estén de acuerdo. Nunca debemos hacer algo por complacer a otro. Tanto en la sexualidad como en las relaciones en general, debemos hacer lo que queremos hacer, actuar porque deseamos hacerlo así, no para complacer a otro o por pena.

Muchas personas piensan que las relaciones anales son sólo para homosexuales y no es así. En un estudio hecho en la Universidad de Puerto Rico se determinó que dicha práctica era muy común

entre los estudiantes heterosexuales. Muchas mujeres la llevan a cabo para no quedar embarazadas ni perder el himen.

Para la mayoría de la gente, el coito anal es una variante experimental u ocasional más que algo definitivo en su vida sexual. Algunos lo apoyan con entusiasmo y otros lo consideran muy vulgar y ofensivo. Existe cierto riesgo de lesión, sobre todo si lo practica un varón torpe, y hay un riesgo constante de infección si se continúa con el coito vaginal sin lavarse primero.

Espero que todo esto te ayude, trata de investigar más sobre el tema. ¡Suerte!

Hola, mi psicóloga:

Soy una joven de veintiún años. Desde hace dos años tengo relaciones con mi novio, que tiene veintiséis. Él es muy dulce, pero yo tengo problemas en lo siguiente: cuando tenemos relaciones no me gusta que me vea desnuda. Cuando me está haciendo el orogenital, no permito que me vea. Es muy raro cuando alcanzo el clímax. Si me pregunta si me sucede algo, tengo temor de hablar. Si hacemos el amor tiene que ser en total oscuridad. Él me adora, yo lo quiero, pero no como él a mí.

Necesito su ayuda, pues deseo tener una relación sana para poder disfrutarla.

La Miedosa

Querida Miedosa:

No me extraña que a veces no tengas orgasmos; lo raro es que los tengas con esa actitud tan negativa ante el sexo y ante tu cuerpo. Pero puedes superar estos problemas.

Primero que nada, tienes que leer libros de educación sexual urgentemente. Debes tratar de hablar con él para que puedan ayudarse y entenderse. Las mentiras y la falta de comunicación honesta es lo peor que puede suceder en una relación de pareja.

Trata de leer libros sobre cómo alcanzar el orgasmo (los hay muy buenos), y haz los ejercicios que recomiendan.

Por lo que me cuentas, todo parece ser mala educación sexual: llena de tabúes, vergüenza al cuerpo, etc. Si no lo resuelves leyendo libros sobre el tema y hablando con tu novio, busca la ayuda de un sexólogo.

¡Que todo te salga bien!

Hola Nancy:

Soy una mujer de veintiséis años, divorciada. Tengo relaciones con una persona hace tres años; nos comprendemos y tenemos planes de formar una familia juntos, pero tengo algunos problemitas en cuanto al sexo se refiere. Realizarle el contacto bucogenital me resulta difícil: cada vez que trato de hacerlo, me causa repulsión. Eso me tiene deses-perada porque, aunque él me comprende, sé que se siente mal porque él me lo hace a mí.

No sé si esto es de psicólogo. Trato de no pensar en ello, pero me resulta difícil. Deseo una orientación al respeto.

Atentamente,

La Desorientada

Querida Desorientada:

Claro que es psicológico, y casi siem-pre obedece a todos esos tabúes que nos rodean y que aprendemos en relación al sexo. Aunque también podría ser que sufriste abuso y no lo recuerdas. Muchas niñas son forzadas a realizar sexo oral por adultos. Esto es muy doloroso para ellas y por ello lo olvidan, pero quedan secuelas que afectan su vida sexual futura.

La caricia orogenital o bucogenital es una de las preferidas por los hombres; es de las más excitantes. El sexo oral, además

de proveer sensaciones placenteras, genera vínculos muy profundos e intensos, por el grado de intimidad que este acto genera. El área genital bien
aseada no contiene tantas bacterias como la boca.
Sin embargo, el beso en la boca se percibe como
algo romántico y el urogenital como asqueroso. De
todas formas, lo que te digo es sólo razonamiento.
Lo que sientes no tiene que ver con la razón. Si así
fuera, lo podrías resolver con sólo pensar que a tu
marido le gusta esa caricia. Un sexólogo podría
ayudarte. De no ser así, la hipnosis puede funcionar muy bien. También lee sobre el tema: la información nunca está de más y nos ayuda a entender
lo que podría estar sucediéndonos.

¡Suerte!

Distinguida Nancy:

Somos una pareja de jóvenes fogosos que vivimos juntos desde hace ocho meses. Al principio no nos atrevíamos a escribirte, pero a raíz de la situación crítica en la que nos encontramos como pareja, hemos reunido el valor para confesarte en estas líneas nuestro problema. Por favor, ayúdanos.

Nuestro problema es el siguiente: mi novia es una mujer con una gran adicción por el sexo. Se excita con el más mínimo detalle, incluso mirando el abanico le surgen pensamientos eróticos y me vuela encima. Es una ninfómana incurable, pero con el agravante de que sus ataques de pasión le surgen en lugares públicos y generalmente frente a otras personas. Ella empieza a desnudarse de una manera feroz y entre más personas se acercan, más aumentan sus deseos carnales, lo que hace que detenerla sea prácticamente imposible. Yo por mi parte también soy de sangre caliente pero con el pequeño detalle de que al hacer el amor siento una necesidad sobrehumana de expresar mis emociones de una manera poco usual: me da por aullar, cantar y gritar todo tipo de palabras obscenas que se me crucen por la mente, y cuanto más intensa es la pasión, más graves y altas son mis expresiones de amor.

Imagínate, querida Nancy, las embarazosas situaciones en las que nos hemos encontrado cada vez que salimos a cualquier lugar. Hemos caído presos en varias ocasiones por esta situación. Ya ni a la policía respetamos. Es difícil nuestro caso, pero te rogamos que con tu sabiduría y profesionalidad nos guíes a ser personas dignas de convivir con los demás.

Los Ninfómanos Públicos

Queridos Amigos:

En primer lugar, no les creo mucho lo que me dicen porque, de ser como lo cuentan, ustedes no estarían libres sino que me estarían escribiendo desde la cárcel. Segundo: el término "ninfomanía" ya no se usa, ha sido reemplazado con la frase "adicción sexual". Por último, voy a contestar su carta porque siempre alguien puede aprender algo de esto.

Necesitan ayuda profesional urgentemente, porque en nuestra sociedad lo que ustedes hacen está penado por la ley, y a decir verdad, como que se sale un poco de la norma. Esas conductas obedecen sin lugar a dudas a razones que no son sexuales. Hay una mezcla de exhibicionismo, agresividad y falta de respeto por las reglas sociales. Ustedes tiene la mitad del problema resuelto al reconocer que deben buscar ayuda; el próximo paso es hacerlo.

Es muy excitante hablar y gritar cuando se hace el amor, pero como siempre digo: la respuesta a todo está en el término medio. Una cosa es dejar salir la pasión y otra gritar tanto que se haga un escándalo. Una cosa es tener

una mujer apasionada, como parece ser la tuya, y otra muy diferente es hacer el amor en la calle. Es cuestión de "grados". Hagan una cita urgente con un buen terapeuta.

¡Suerte, la van a necesitar!

Estimada señora:

Por medio de la presente solicito cortésmente que me ayude aconsejándome como si yo fuera una persona muy cercana a usted. El problema por el cual estoy pasando y que me atormenta es que estoy casada desde hace dos años, tenemos una niña de seis meses, pero a lo largo del último año me he sentido muy mal porque mis sentimientos hacia mi esposo han cambiado mucho.

Recuerdo que cuando trabajaba, había momentos en los que sentía una necesidad profunda de estar con él. En la actualidad no siento ni el más mínimo interés de pasar un momento con él y no tengo ningún deseo de tener relaciones sexuales. Creo que él es el responsable de esto que siento ahora. Lo culpo a él de que todo esto me suceda porque el tiempo que tenemos para hablar se lo dedica a sus amigos y yo sólo tengo tiempo de hablar con él en el momento de ir a la cama.

A mí me molesta de gran manera que dos personas que viven juntas y, lo más importante, que son esposos y se traten como eso en la cama, durante el día no se den ni un beso, un abrazo, una palabra agradable. Nuestra relación está muy mal.

Mi mayor preocupación es mi falta de deseo sexual. Muchas veces creo que es falta de motivación. Le suplico por favor que me aconseje qué hacer para volver a tener aquel deseo que sentía tiempo atrás. Nunca quisiera que mi familia se rompiera porque sufrí mucho la separación de mis padres y no quisiera que mi bebé la sufra también. Le suplico que me conteste lo antes posible. Gracias y que Dios la bendiga. Mucho éxito en su programa.

María

Querida María:

Es imposible sentir deseo por alguien que no nos dedica tiempo, alguien con quien no tenemos intimidad. Esa situación produce rabia, y la rabia es enemiga del deseo sexual. El sexo es comunicación, es relación con el otro, ternura, pasión. Cuando una mujer no se siente amada ni importante, el deseo se va. Para que una relación de pareja funcione se necesitan muchas variables: intimidad, compromiso, compatibilidad, pasión, etcétera.

Las estadísticas indican que las personas se divorcian pero vuelven a emparejarse, ya sea volviéndose a casar o en uniones libres. Resulta difícil vivir en pareja pero la necesitamos. La pareja es como un baile, una búsqueda de armonía, una búsqueda del ambiente adecuado para crecer y desarrollarnos. ¿Por qué se va el deseo? Cuando esto pasa, casi nunca estamos frente a un problema sexual, casi siempre estamos frente a un problema de comunicación. El sexo es comunicación. Si no comunicamos las cosas que no nos gustan, difícilmente vamos a poder comunicar los sentimientos hermosos, la pasión, el deseo, la ternura. ¿Y qué es el sexo sin estos elementos? Algo sumamente aburrido y poco gratificante. No es bueno ni

sano, emocionalmente hablando, no decir lo que sentimos a nuestra pareja. No importa si eso que sentimos es rabia, dolor, angustia y frustración o, muy por el contrario, es ternura, afecto y amor. Si queremos conservar los sentimientos positivos, esos que sentíamos cuando empezó la relación, si queremos conservar la magia, la locura y la pasión, tenemos que expresar tanto los sentimientos negativos como los positivos.

El doctor Pedro Savage lo resume estupendamente, "La pareja no es un espacio de felicidad sino un espacio para crecer, un espacio de conflicto... si crecemos podremos encontrar la felicidad. Pero la pareja no es el espacio que nos va a brindar felicidad así porque así...hay que trabajarla, hay que crecer. Nuestra sociedad nos ha complicado aún más las cosas. Sabemos que los hombres y las mujeres somos diferentes. Venimos de diferentes familias de origen y por si eso fuera poco comenzamos ese baile que es la pareja, oyendo música distinta". Tenemos distintas expectativas sobre quién va a dirigir el baile, y nos sentimos amenazados y temerosos de pisarnos los pies. Todo esto se confabula para hacernos muy difícil la tarea de descubrir un nosotros.

La mayoría de los hombres son analfabetos emocionales. Dé usted el primer paso, hay un bebé de por medio. Pienso que aún lo ama, pero está muy molesta. Vaya a un terapeuta de pareja; funciona aun si va usted sola si es que él se niega. No calle lo que está sintiendo, luche por su relación si aún lo ama y vale la pena.

¡El Señor la guíe!

Conclusión

Quisiera terminar este capítulo sobre la sexualidad expresando mi preocupación por las ideas fomentadas y aceptadas por personas que no piensan y que confunden libertad con libertinaje. Mi papá dice que el mundo ha cambiado mucho, que ahora las palomas le tiran a las escopetas (tiene 86 años y está mejor de la cabeza que yo), y se refiere a que las mujeres han cambiado tanto que ahora son ellas las que enamoran a los hombres y los acosan sexualmente. Ojalá fuera sólo eso lo que está pasando en el mundo con la sexualidad y la pareja.

El otro día oí por televisión una canción en la que una esposa le pedía a su marido que le diera solo una noche con otro hombre, que no sería nada importante, ni siquiera le gustaba. Lo que me preocupó no fue eso, sino la reacción de muchas mujeres a las que se les preguntó su opinión sobre la canción. Todas dijeron que ya era hora de que ellas pudieran disfrutar, como los hombres, de una noche con otro. Total, ellos lo habían hecho varias veces. Sencillamente, no estoy de acuerdo. ¿Qué logramos las mujeres haciendo los mismos disparates que los hombres? ¿Se obtiene algo cuando devolvemos el engaño con otro engaño y la traición con otra traición? ¿Debemos pagar la deslealtad con más deslealtad?

Bajo ningún concepto aplaudo la conducta masculina de infidelidades y abusos, pero tampoco bajo

ningún concepto puedo aplaudir esta otra conducta que cada día se extiende más. Las mujeres queremos pasar factura a los hombres por algo que les permitimos y de lo cual hemos sido responsables en gran parte. Nuestro miedo a enfrentar la vida sin un compañero, solas, el no habernos preparado profesionalmente, nos convierte en esclavas de esta situación... de la que tenemos nuestra cuota de responsabilidad. La dependencia fomenta el abuso. Hay que tomar las riendas de nuestra vida, para poder tener una relación de iguales con los hombres.

Este tipo de reacción no es digna de adultos que tienen hijos a los que les sirven de ejemplo, a menos que quieran perpetuar el fracaso en las parejas. Es de personas inteligentes aprender de los errores de los demás para no cometerlos. Nuestros hijos tendrán una relación de pareja estable sólo si nosotros logramos tener una relación de pareja funcional. Ésa es una responsabilidad muy grande, con la que no se debe jugar... Ese juego nos pasa factura en la vida cuando más necesitamos compañía y afecto: en la vejez.

Hoy me enteré de la muerte de un amigo; solo, en su casa. Lo vinieron a descubrir varios días después. A pesar de haberse casado y haber tenido hijos, murió solo. Nunca pudo lograr una relación aceptable ni con sus hijos ni con su esposa. Mi consulta me confirma

cada día más que este tipo de comportamiento sólo lleva a un lugar que todos tememos y todos conocemos: la soledad.

La mujer moderna no debe permitir este tipo de engaños y deslealtades a su esposo. Si no puede sola, entonces debe buscar ayuda profesional para resolver y superar los temas no resueltos de su niñez que la llevan a ese callejón sin salida. Aplicar la ley del ojo por ojo y diente por diente sólo le hace daño a ella y a quienes ella más ama: sus hijos.

El matrimonio es algo sólo para adultos. Tristemente, muchos hombres nunca llegan a ser adultos; no nos pongamos nosotras en ese lugar. Si un hombre le es infiel, exíjale que busque ayuda profesional para parar este fenómeno y admita su parte de responsabilidad, ya que cuando dos están bien, no cabe un tercero. Si no acepta buscar ayuda, si sigue con ese comportamiento, déjelo. Si no puede sola, vaya a terapia. ¡Se puede!

Creemos que hablar de sexo es una cosa, y de relaciones y parejas es otra. Pues no es así. La sexualidad implica toda la relación entre el ser humano y su pareja, la educación de los hijos, los conflictos y un largo etcétera. El sexo es la relación con otro, por tanto todo lo que dañe la relación, afecta a la pareja. Vivimos un momento de crisis de la pareja, y la sexualidad ha sido seriamente afectada. Tenemos una mujer nueva, yo diría que en construcción. El feminismo nos ha aportado cambios im-

portantes, pero muchas se han ido al otro extremo. Han levantado una trinchera donde hacen mofongo con los hombres, los machacan en un pilón como plátano frito con ajo. En la otra esquina tenemos a un hombre destronado, confundido y que no ha realizado su liberación masculina. Esta situación empeora cuando la mujer cree que ser libre es parecerse al hombre, pegar cuernos, tener sexo no relacional o pedir sólo una noche con otro, como en la canción. Esto sólo ha logrado serios trastornos en el deseo masculino, además de divorcios y poca felicidad. ¿Cuál es la salida? Existen diversos puntos de vista. Yo me inclino a creer que la respuesta es comunicación. El sexo es comunicación, y comunicación de verdad, visceral, no verbal, auténtica, física y emotiva. El reto es comunicar los sentimientos negativos y positivos; cuidarnos, no criticarnos, crecer juntos y tener el valor de cuestionar constantemente nuestras fallas, nuestros errores y nuestra relación sexual. Hablar de sexo y sobre sexo es uno de los mayores afrodisíacos que se conocen. La relación sexual es afectada por la comunicación. La sexualidad es afecto, es comunicación, entre otras cosas. Si queremos buen sexo, si no queremos caer en la monotonía, tenemos que cuidar la relación. De nada nos sirven las técnicas si el deseo se ha ido por la ventana. El deseo se va cuando la relación se ve afectada.

Recomendaciones

La sexualidad es un asunto emocional; está ligada profundamente a los vínculos afectivos. Cuando nos olvidamos de esta premisa, el deseo se va por la ventana. Si no se cuida la relación, la sexualidad se verá afectada tarde o temprano.

La sexualidad no es un deporte; no es lo mismo tener sexo por deporte que hacer el amor. Quien no haya experimentado la diferencia, no sabe de lo que se pierde. De allí que las técnicas sexuales sean importantes, pero no tienen comparación con el vínculo, la intimidad, la entrega, el deseo, la verdadera comunicación y el amor.

La sexualidad es un proceso. Cada día podemos aprender más y desarrollarnos mejor como amantes. Tiene que ver con nuestra capacidad de entrega, con la superación de nuestros miedos (sobre todo el miedo al abandono) y nuestros conocimientos. Primero la teoría, después la práctica. Aunque no lo crea, hay mucha ignorancia sobre la sexualidad en el mundo.

CAPÍTULO II

Las danzas de la pareja

Introducción

Los terapeutas familiares nos referimos a "las danzas" cuando hablamos de las formas en que nos relacionamos: son interacciones, relaciones normales que se convierten en un problema, en algo que no funciona cuando se repiten y quedamos atrapados y fijos en un tipo específico y rígido de danza. Todos "danzamos" con nuestras parejas, pero cuando adquieren una intensidad mayor, cuando se tornan crónicas, ya entonces la cosa se pone difícil. Es importante saber qué nos lleva a danzar de cierta manera y cuándo esa danza se ha vuelto un conflicto serio en la pareja. Si comprendemos esa danza y la trabajamos, podremos tener una vida en pareja saludable y ser felices la mayor parte del tiempo, ya que así aprenderíamos a bailar sin pisarnos uno al otro.

Las parejas normalmente pueden tener más de una danza. Sentirse sofocados o abandonados, o estar en un cuadrilátero de boxeo, a veces está bien. En un momento determinado del día tú puedes sentirte sofocado, pero cambiar y sentirte sobregirado en la noche. Uno puede pasar de una

danza a otra; en eso no radica el problema pues toda pareja baila su danza. Repito: Hablamos de conflicto serio cuando la danza se vuelve crónica.

El conocimiento de estas danzas llegó a mí originalmente por Murray Bowen y, después, a través de mi profesor Joaquín Disla, quien las amplió y creó otras danzas basado en su experiencia clínica. Existen muchas danzas, pero aquí me voy a enfocar sólo en tres, quizás las más comunes según mi criterio. Estas son:

1) La danza del sofocado y el abandonado

2) La danza del sobregirado y el bajogirado o de alto y bajo funcionamiento

3) La danza del campeón y el retador

Recuerda: Toda pareja salta de una danza a otra durante el día. El problema surge cuando nos paralizamos en una sola danza.

La danza del *sofocado* y el *abandonado*

La danza del sofocado y el abandonado es aquella que ejecutan dos personas cuyas conductas son poco saludables y se complementan entre sí. Por una parte, la mujer llama, digamos, sesenta veces al día al celular de su pareja y veinte veces a la secretaria para preguntar dónde está el marido o a qué hora llega, y cuando el marido llega a la casa lo recibe con la pregunta "¿Por qué no llegaste antes?". Las mujeres tienen ansiedad de separación, se sienten abandonadas; y los hombres, a su vez, se sienten sofocados y perseguidos. Esto también sucede a la inversa.

En la pareja la distancia emocional se complica, ya que cada miembro espera que el otro entienda su necesidad de cercanía o distancia. Así, la gente que persigue, se siente abandonada, y en el fondo tiene la misma dinámica que la gente que se siente sofocada, pues los dos tienen miedo a la intimidad. No muestran sus vulnerabilidades y prefieren echarse la culpa uno al otro.

Uno de los miembros anhela siempre estar con su pareja. No soporta la distancia y está feliz en contraste con la desesperación del otro, que

se siente asfixiado con la cercanía y persecución de su pareja. Uno es el que busca, llama y pide atención todo el día; el otro se queja de tener ese chicle pegado a su vida.

Estos "danzantes" encajan, emocional e inconscientemente, en las categorías psicológicas del sofocado y del abandonado. Muy a menudo uno de los dos puede darse cuenta de que la relación contribuye a la enfermedad, pero no tiene idea de cómo romper este patrón disfuncional.

Asimismo a ambos les gusta manejar el poder desde sus respectivas posiciones. El abandonado (perseguidor) y el sofocado (perseguido) se necesitan mutuamente. La relación se sostiene gracias a esta danza patológica.

Características del *sofocado*

- Siempre anda buscando espacio; se siente seguro en una relación donde hay suficiente distancia emocional.

- Desea que lo quieran y lo mimen, pero no le gusta tanta cercanía emocional. Al poco tiempo ya no soporta que lo persigan tanto. Huye, siente miedo y asfixia.

- Y aunque huye de esta cercanía, cuando el perseguidor se aleja, es él quien pide que vuelva.

- A mayor distancia emocional, más seguro se siente, pero en el fondo necesita de alguien que lo persiga.

Características del *abandonado*

- Cree constantemente que le van a abandonar y sufre de ansiedad de separación.

- Le gusta la cercanía; para esta persona, amar es estar las veinticuatro horas pegada a su pareja. Se siente desdichado con su indiferencia y lejanía.

- Le fascina saber dónde está su pareja las veinticuatro horas del día, y sufre cuando no lo sabe.

- Sale a perseguir a su pareja y siente que mientras más lo persigue, ésta más se aleja.

Cada sofocado merece y necesita a su abandonado, y viceversa.

Así se baila la danza del *sofocado* y el *abandonado*

En toda relación de dos existe distancia emocional. Debemos tener en cuenta que distancia física no es lo mismo que distancia emocional. Podemos

estar muy lejos físicamente de nuestro ser amado, pero sentirnos muy cerca emocionalmente de éste. Por otra parte, muchas veces dormimos con el enemigo, en el sentido de que tenemos a alguien bien cerca de nosotros y sin embargo lo sentimos a kilómetros de distancia. No hay mayor soledad que la que se siente cuando estamos supuestamente acompañados. En la pareja esta distancia emocional se complica, ya que cada miembro espera que el otro entienda su necesidad de cercanía o distancia.

Esta danza es muy común, y pienso que lo es porque en nuestros países es una realidad que los padres abandonan a sus hijos. Tienen hijos y mujeres a dos por centavo regados por el mundo, y no pueden atenderlos ni económica ni emocionalmente. Estos niños crecen con una sensación de abandono y con un miedo terrible a que los abandonen de nuevo; por tanto, no están listos para tener una relación profunda, de intimidad, con otro ser humano. "En el fondo yo pienso que me puedes abandonar como lo hizo mi madre o mi padre"; éste es un sentimiento que hemos aprendido en nuestra niñez y que pone un sello negativo en nuestra relación de pareja.

Sabemos que elegimos pareja y vivimos en pareja de acuerdo con lo que vimos en nuestras casas, de acuerdo con la relación que tuvimos con papá y mamá y la que tuvieron papá y mamá. Una relación de pareja debería ser un triángulo perfecto; la base

estaría formada por la pasión y los lados por la intimidad y el compromiso.

Todos en algún momento de nuestra vida vamos a intentar jugar con esta danza en nuestra relación de pareja; todos nos hemos sentido abandonados en una relación de pareja: cuando estamos enfermos, tenemos miedo, cuando la vida nos trata mal, cuando nos han sido infieles, etc. Si hemos tenido miedo a que nuestra pareja nos abandone, quizás perseguimos un poco; y todos alguna vez nos hemos sentido sofocados por un compañero que nos persigue, que nos llama porque quizás está ansioso o se quedó sin trabajo o necesita más seguridad cuando esto pasa.

Insisto: Si es algo pasajero que se habla y se resuelve, no hay problema. Lo preocupante es cuando esto es algo rígido, cuando constituye la forma en que esa pareja se relaciona. En este caso usted necesita ayuda.

Cada sofocado sale a buscar una abandonada, o cada sofocada sale a buscar un abandonado. Hay muchos mensajes no verbales que me indica "Ésa es una abandonada, la persona que yo necesito". Las personas salen a encontrarse; no es Cupido quien hace posible que dos personas se encuentren, son los temas no resueltos de la niñez, y que tratamos de reciclar y resolver con la pareja, los que realizan este "milagro". ¿Qué lleva a una mujer o un hombre a sentirse abandonado y a buscar una relación donde lo abandonan?

Las personas que fueron abandonadas —física o emocionalmente— en sus familias de origen se desarrollan con una sensación de abandono muy fuerte. En su niñez padecieron la presencia de unos padres que posiblemente fueron muy castigadores y muy difíciles; entonces prefirieron mantenerse de lejitos porque al estar muy cerca se sentían aniquiladas. Esa sensación de abandono se aprende en la familia de origen, esencialmente con las dos figuras principales, que son nuestros padres. Estas personas se relacionan con los demás a partir de la premisa de que "Para mí, nadie está disponible, yo no soy importante para nadie, no me toman en cuenta y, por lo tanto, para yo poder vivir y sobrevivir en este mundo, tengo que encontrar a una persona que me trate de la misma manera que mis padres me trataron". A esta conclusión se llega de manera inconsciente: los sujetos no saben que en realidad vivieron un abandono por parte de papá, pero sí saben que emocionalmente hay vacíos, sí saben que papá y mamá estaban, pero nunca para ellos. Nunca se dieron cuenta que se podía etiquetar esa situación como un abandono, y como es lo único que conocen, porque fue el estilo de relación que vivieron con sus padres, tienen la tendencia a buscar un compañero o una compañera que los haga revivir la misma dinámica. Alguien que está para mí pero definitivamente no está para mí: se sienten abandonados de nuevo.

Estar para ti es una disponibilidad: que cuando yo necesite del otro, éste esté presente; que el otro o la otra puedan conocer mis necesidades; no significa que el otro esté incondicionalmente, en el sentido en que debo tenerlo todo el tiempo, no, se trata de que yo sepa que cuento con esa persona y que esa persona conoce mis necesidades y esa persona está para mí en los momentos en que yo lo necesito, en los momentos en que yo estoy en apuros. Todos tenemos necesidad de sentirnos amados, cuidados y añoñados, comprendidos; eso es muy normal y todo el mundo lo sale a buscar. Pero cuando entiendes que nadie va a estar para ti, que nadie se preocupa por ti, empiezas a vivir esa situación: yo no quiero sentirme de nuevo abandonado como me sentí con mis padres, como resultado, salgo a perseguir; persigo, persigo, persigo. Al perseguir se sofoca al otro, al compañero o compañera. Las personas abandonadas que paradójicamente salen a perseguir en realidad envían el siguiente metamensaje: te persigo supuestamente para que te acerques, pero en realidad te persigo para que no te vuelvas a acercar nunca, porque yo no sé cómo manejar la intimidad.

El perseguidor es la persona que abandona. Supuestamente necesita salir a buscar, sabe inconscientemente la reacción del otro, sabe bien que las probabilidades de un acercamiento nunca se dan, y en el fondo eso es lo que anda buscando. Te persigo, pero te persigo para que nunca te acerques, porque yo no

sé qué hacer cuando tú te acercas. En el fondo, tiene terror a que esa otra persona le haga lo mismo que le hicieron: que lo abandone. Tiene una necesidad muy grande de tener a alguien al lado, pero al mismo tiempo tiene terror de que, si se pega demasiado a esa persona, lo va a abandonar y va a sufrir. Entonces lo persigue para que el otro siga corriendo.

Cuando el sofocado ve que el perseguidor (la persona que se siente abandonada) deja de salir a buscarlo, el sofocado no sabe qué hacer, porque su actitud es "A mí hay que perseguirme, y cuando tú no me persigues yo salgo a buscarte, para que vuelvas a perseguirme de nuevo". Le fascina estar en esa danza: si me sales a buscar, yo voy a tener una excusa para no acercarme.

Ninguno de los dos sabe manejar la intimidad. Pero, ¿qué es la intimidad? Todo el mundo se equivoca, todos creen que intimidad es meterse en la cama con alguien, desnudarte físicamente. Y no es sólo eso. Intimidad es la capacidad de establecer una relación significativa y desnudarte no sólo físicamente, sino también emocionalmente. Cuando una persona se desnuda emocionalmente y se deja conocer por el otro, cae en las manos del otro y eso no es fácil; porque se tiene terror "a lo que vas a hacer con mi vida cuando yo ponga mi vida en tus manos: cuando me vuelva vulnerable me puedes partir el corazón". Intimar es mostrar vulnerabilidad, y eso no es fá-

cil; teóricamente suena bonito, pero en la práctica encontrar una persona con quien tú puedas ser tú, sentirte vulnerable y a pesar de eso, seguir abriéndote... es una experiencia que hay que trabajarla y fuertemente, porque de lo contrario, no se logra.

Y si a eso le sumas que esa persona fue traicionada desde la cuna por figuras importantes como su padre o su madre, se entiende que su reacción inconsciente sea, "Y cómo diablos yo me voy a abrir a otra gente si quienes me trajeron al mundo, que se supone me iban a amar sin condiciones, no me amaron".

Formar pareja no es fácil. Formar pareja implica trabajar los temas no resueltos de la niñez, las vulnerabilidades. Aprender a trabajar las vulnerabilidades es aprender a disfrutar una relación significativa; de otra forma, pasa uno la vida danzando, subiendo y bajando, pero sin disfrutar la relación. Muchos deciden tener amantes, prefieren repartirse antes que enfocarse en una relación directa y lidiar con la causa del problema.

Si la pareja encuentra que ése es su estilo fijo y rígido de relacionarse, estoy completamente convencida de que, si quieren mejorar su relación y disfrutarla, tienen que buscar ayuda para caminar juntos y dejar de bailar esa danza tan rígida y cambiarla a una danza que funcione para ambos.

Otra opción es que los miembros de la pareja sean honestos y traten de descubrir cuáles son los temas no resueltos que traen de la niñez y que los llevan a funcionar o como el abandonado o como el sofocado, porque los dos se buscan. Los dos salen a buscar esa parte de uno mismo en el otro; es como mirarse internamente, porque todos crecimos en hogares donde no todo estuvo satisfecho; tenemos vulnerabilidades, tenemos luces pero todos también tenemos sombras. Si uno no trabaja esas sombras, es muy difícil lograr una intimidad con el otro. Tú no puedes dar lo que no tienes; si emocionalmente no lo tienes, no lo puedes dar. Si no lo recibiste, no podrás darlo.

Si no lo trabajas lo vas a seguir repitiendo, y el punto clave no es separarte de esta mujer o ese hombre, porque con la próxima pareja lo vas a repetir, y con la próxima, y con la próxima... Y si no resuelves este problema, estás condenando a tus hijos a que lo repitan. Nuestra relación de pareja es el modelo de nuestros hijos; si no resolvemos nuestros problemas, estamos condenándolos a que los repitan.

Así, la gente que persigue se siente abandonada, y en el fondo tiene la misma dinámica de la gente que se siente sofocada, pues ambos tienen miedo a la intimidad. No muestran sus vulnerabilidades, prefieren mejor echarse la culpa uno al otro.

Querida Nancy:

Mi problema es el siguiente. Tuve un novio con el que duré cuatro largos años, mi relación con él era maravillosa. Al principio de año comenzó un problema, ya que él me comentaba que iba a comprar un carro y yo no quería porque sentía celos de que fuera a montar mujeres y a olvidarse de mí. Hace poco vino a mi casa a buscarme para invitarme a salir, pero no quise porque él estaba tomando y sencillamente me dijo que se iba. Yo no quería que se fuera y comenzamos a jugar de mano. Luego, cuando se iba, yo no quería que se fuera y lo agarré por el cuello y volé un botón de la camisa. Eso fue algo de lo más grande que yo hice, según él. Yo llamé luego de unos días y me dijo que yo no tenía derecho a hacerle eso.

Entonces empecé a llamarlo demasiado, hasta que fui a su casa a buscarlo y me dijo "yo voy a tu casa en la noche", pero no fue. Me llamó por teléfono y me dijo que lo que más le molestaba era que lo persiguieran, y que él me iba a contestar cuando él quisiera.

Pasaron los días y me sentía muy mal. Lo buscaba, lo llamaba, pero él me ignoraba. Un domingo de estos me invitó a salir un amigo, y cuando regresaba hacia mi casa, me encontré con él, que iba en el carro con una muchacha. Me molesté; di la vuelta y me le crucé por el frente para que me viera. Ésa fue la noche más horrible de mi vida; no dormí porque pensaba que esa era la traición más grande que había recibido, después de que me había entregado a un hombre con tanto amor. Eso fue el domingo, pero no me contuve: lo seguí llamando y lo llamaba y lo insultaba. Le dije hasta

poca cosa, que yo tenía algo en la vida reservado para alguien que se lo mereciera, y se lo entregué a tan poca cosa como él.

Al pasar los días sentía que el mundo se me caía encima. Después de varias semanas me enteré que ésa era la novia de su amigo, y luego vi al amigo con la misma muchacha. Lo llamé y le pedí perdón, le dije que me excusara. Lo único que me dijo es que si yo no me acordaba que me había dicho que no recibía excusas, porque era muy tarde y que él siempre me decía que antes de reprocharle y exigirle, le preguntara primero.

Luego vino a mi casa y le expliqué. Me dijo que yo sabía que él deseaba estar conmigo, pero que no podía vivir la situación que vivía conmigo. Nos dejamos, pero todavía lo sigo queriendo. Nos vemos en la universidad, aunque él ya tiene a otra persona. Cuando lo miro y él me mira, yo siento que me quiere todavía; lo ignoro, pero es con dolor en mi alma. No he podido olvidarlo ni siquiera con otro, ni sola; pero tengo algo seguro, y es que está con la otra por despecho. No quiero seguir buscándolo, como siempre hago, para que él no me rechace.

Perdóneme por todas estas boberías que le he escrito, pero es que estoy enamorada de algo que ya veo imposible para mí. Lo quiero porque fue mi primer novio, al que le entregué mi vida.

Espero que me ayude. Perdón por la carta tan larga, pero la hice en una noche que no encontraba qué hacer y no tenía a quién pedir opinión, y pensé en usted.

La Enamorada Como Nunca Lo Había Estado

Querida Enamorada Como Nunca Lo... .. Estado:

No creo que me haya escrito boberías como me dice. La relación de pareja es lo más impor-tante que tenemos y lo que más debemos cuidar. La gente le tiene miedo a las explosiones emocio-nales; más aún: la gente ve las explosiones como algo malo... no estoy de acuerdo.

Si con el hombre que amamos no podemos sa-car nuestra rabia con control, ¿con quién entonces lo haremos? No quiero decir que está bien darle golpes a alguien o darle un tiro; me refiero a que es sano dejar salir lo que siento con control, pero con intensidad. Algo que aprendí en el programa *Nuevas maneras de amar*, con el Dr. Vicente Vargas, fue lo siguiente, "Sólo si crecemos con nuestra pa-reja, la relación funciona, y crecer significa sanar todo lo que traigo de mi niñez. Quien te enseñó a amar fue la relación de papá y mamá. Si ahí hubo problemas, esos mismos vas a tener en tu rela-ción, y esos mismos 'reciclarán' tus hijos".

En su niñez usted aprendió a asociar amor con hogar. A menudo perseguimos situaciones emocionales similares a las que experimentamos cuando niños, independientemente de que esas

experiencias sean positivas o negativas. Si hogar es igual a abandono, entonces su mente concluye que amor = abandono. Eso es lo que llamamos "reciclar la conducta". Lo que hemos vivido en nuestra niñez, en nuestro hogar, nos marca a la hora de elegir pareja.

Muchos de nosotros hemos dejado el hogar física-mente, pero no emocionalmente; necesitamos repetir los patrones que aprendimos en nuestro hogar. Dejar esos patrones insanos no necesariamente implica dejar a la pareja con quien está. Lo que debe hacer es "sanar esas heridas" en su relación, superarlas to-mando conciencia de ellas, primero que nada.

Pero, ¿qué es sanar? La sanación no es más que sacar, expresar el dolor, las emociones, entender lo que nos pasó, volver a la infancia (por diferentes técnicas: la hipnosis, la imaginación guiada o visuali-zación) y, sobre todo, perdonar. Entender las cosas y "humanizar" a quienes nos han herido; o sea, com-prender que esas personas no tienen la culpa de ser como son: muchas veces ellas están "reciclando" a su vez sus heridas de la niñez. El entender le ayuda a no repetir los problemas de su "parte ciega", que no es más que una parte de su persona que usted no conoce: su parte inconsciente, una parte suya

que se quedó herida, guardada en lo más profundo de su ser, y cuando lo expresa se produce "la sanación"; a esto se le ha llamado catarsis.

Cuando reprimimos un sentimiento, una emoción, esta "energía" sale de alguna forma, y casi siempre es la causa de trastornos psicosomáticos (enfermedades que se originan en la mente, pero que afectan el cuerpo): esa energía que quiere expresarse, pero que si usted la reprime, se convierte en malestar de estómago, en dolor de cabeza, etc. Esto ocurre porque realmente se está "frenando" la sanación. Si yo no sano, yo soy un punto de tensión y de violencia en el mundo.

Si su pareja no le permite "sanar", esa relación está condenada al fracaso; más tarde o más temprano se tendrá que acabar, o tiene que cambiar para ser funcional y seguir existiendo.

A mí me parece que ustedes están repitiendo la danza del sofocado y la abandonada. El baile se ha vuelto crónico, y tienen que detenerlo. Por otro lado, también pienso que usted tiene miedo a su reacción y por eso no habla... debe hacerlo cuando esté lista. No ha cerrado esa relación, ni él tampoco: semejan dos niños malcriados haciéndose rabietas. El amor

es un milagro, no lo deje escapar. Hable claro con él, dígale lo que siente y escúchelo; si no puede hacerlo verbalmente escríbale una carta. En ella debe expresar esos sentimientos difíciles. Si vuelven, deben crecer. Son soberbios y orgullosos, y esas pasiones no ayudan en la vida, lo que ocasionan es todo lo contrario al crecimiento y al desarrollo.

La pareja es un espacio para desarrollarnos, para sanarnos. Es en ella donde sacamos todo lo negativo que tenemos para que nuestra pareja nos ayude a sanar, pero hay que trabajar, eso no cae del cielo. Dice que está con otra persona; ése es otro asunto muy serio. Y si se casó con otra persona queriéndola a usted... el horno no está para galletitas. Si de verdad la ama tiene que resolver en ese aspecto. No vuelva con él si está casado. Debe darle un tiempo limitado mientras él se separa y luego se divorcia, si de verdad es usted quien le interesa.

Han manejado su vida emocional de forma errática y loca; es hora de pensar y actuar, y no seguir con el patrón de la reacción de uno al ataque del otro. Si él no está dispuesto a todo esto que le he explicado, póngale un "Se vende". Si no puede sola, busca ayuda profesional.

¡Que la Fuerza la acompañe!

Hola, Nancy:

Primeramente, te felicito por tu programa ya que es muy interesante.

Tengo diecisiete años y mi problema es que estoy enamorada de un chico que antes era mi novio. Bueno, él me llama y me pide que volvamos, me pone canciones, me dice muchas cosas que yo creo que él me quiere, pero después que volvemos se pone frío y distante y le dice a sus amigos que lo persigo y llamo demasiado. Hasta llega a decirles que él no me pidió volver. Yo me molesto mucho, me alejo o termino con él. Comienza a llamar a mis amigas y hasta a mí, me envía flores, chocolates, me manda mensajitos, me pone canciones por teléfono, me ruega que volvamos… caigo de nuevo en sus redes, pero al poco tiempo vuelve a lo mismo. Nancy, dime, ¿qué hago?

Después de todo esto, cuando él viene y me dice que volvamos, yo quiero volver pero ya en realidad no se qué hacer. Por favor, respóndeme rápido, estoy muy desesperada. ¡Qué pases buen día!

La Perdida

Querida Perdida:

El lenguaje de tu amiguito parece el de un esquizofrénico; y claro que lo que ese tipo de comunicación consigue es confundir. Los adolescentes se dejan influir mucho por el

qué dirán, por lo que piensen sus amigos, etc. Los jóvenes latinos en general son, desafortunadamente, unos machistas empedernidos... y claro, los machos no piden cacao, no ruegan para que alguien vuelva, etc. Eso quiere decir que si te pide eso, nadie debe saberlo, porque lo que él cree es que su hombría se compromete. Cuando vuelva a decirte que vuelvas, pregúntale si él es una veleta o un ser humano. Ese muchacho es sumamente inestable, emocionalmente. Debes evaluar si vas a pasarte más tiempo pensando en alguien que ni siquiera puede mantener su palabra y que vive en un sube y baja emocional. ¿Vale la pena?

Ambos están bailando la danza del sofocado y la abandonada. El punto es que esta danza se está volviendo crónica; debes buscar ayuda. Todos danzamos con nuestra pareja; a veces adoptamos el papel de "víctima" y a veces el de "perseguidora". Pero ustedes han adoptado esos papeles en forma permanente, y deben recurrir a un terapeuta. Son jóvenes, es el momento de resolver esa conducta para no seguir repitiéndola hasta el infinito y sufriendo por ella. Si él no quiere ayuda, recuerda que mas pa'lante vive gente... y en casa de concreto. Ponle un "Se vende" a ese mequetrefe.

¡Dios te guíe!

Hola, doctora:

Mis más profundos saludos. Soy una fiel admiradora de usted; es como una imagen que quisiera reflejar en un futuro. Me llamo Laura, vivo en Chicago y estudio psicología. Me encantaría tenerla cerca, y así formar parte de su grupo de pacientes… porque creo que necesito ayuda. Hace ya unos tres años estoy con mi pareja; lo conocí en un viaje que hice casualmente a Puerto Rico. Soy puertorriqueña, su segunda patria. Al principio notaba que sí era "material de novio"… pero con mis dudas porque como que se acostumbró mucho en sus relaciones anteriores a que le rogaran o pidieran más de lo que daba, lo cual no estuve de acuerdo, pero yo también terminé persiguiéndolo y rogándole. Después del tiempo la relación tomó un giro más formal.

Actualmente estamos casados, todo ha ido perfecto, no he sabido ni comprobado ninguna infidelidad de su parte. He ahí mi problema: siempre vivo con esas dudas, esa falta de confianza inexplicable, me irrito con facilidad y no sé, él me jura… me lo comprueba de mil maneras que no... Entonces, ¿por qué me siento así? Quiero saber si necesito trabajar en algo pasado o que.... Esto me consume tanto que he pensado en dejarlo… pero no sé ni por qué exactamente. Es algo extraño, él me ama mucho y me ayuda… Ahora mismo vivimos separados, pero ya pronto estará aquí.

A veces pienso que la distancia se está encargando de poner esos pensamientos en mi mente. Él también me sofoca con su desconfianza, pero debo aceptar que, aunque no lo sofoco ni lo persigo ahora, soy celosa y posesiva. Es como si nos turnáramos: si lo persigo me huye, si le huyo me

persigue. Dígame si sería saludable una terapia de pareja cuando estemos juntos, y, más o menos, qué piensa de lo que le conté. La adoro, no sabe cuánto, y él también.

Cuídeseme mucho, mi doctora. Espero en Dios conocerla un día. Dios me la bendiga.

La Pichona de Psicóloga

Querida Pichona de Psicóloga:

Hola colega, qué bueno es comunicarse con personas que aceptan tener un problema... ya sólo queda trabajar los conflictos Cuando reconocemos que necesitamos ayuda, tenemos la mitad del asunto resuelto. La mayoría de la gente pierde un tiempo precioso defendiéndose, negando... no lo hacen conscientemente, simple y llanamente "no están listos para enfrentar la realidad". Si ambos se quieren, tienen una relación formal y están dispuestos a trabajar esta danza, el futuro es bueno y vale la pena. Pero para que el amor funcione, amarse no es suficiente. Hay que trabajar y superar los temas que surgen —y siempre surgen— en la pareja.

Gracias por su lealtad; siga viéndome.

¡Que todo salga bien!

Hola, Nancy:

Vivo en una adicción total en mi relación; es algo tan enfermizo. Mi pareja me hace mucho daño, nunca está pendiente de mí, me siento que no le importo en lo más mínimo, son peleas constantes por su falta de atención hacia mí. Me siento que no le importo nunca, no me llama para decirme que me quiere o piensa en mí. Soy yo que siempre lo busco, dejando mensajes de texto que nunca devuelve ni por cortesía.

Sale, llega tarde después de las 7:00 PM, no recibo afecto ni amor… nada, estoy más sola que acompañada. De verdad vivo en una angustia constante porque he descubierto muchas cosas de él. Me ha sido infiel y lo he perdonado, eso pienso. No sé qué hacer, él actúa como que nada le importa. Cuando pienso irme, siempre recojo todo y vuelvo a buscarlo para arreglar las cosas. La última vez que decidí dejarlo fue él quien em-pezó a llorar y me dijo que por favor no lo dejara, que íbamos a hacer un viaje juntos… pero qué va, todo vuelve a ser igual a las pocas horas.

Por favor, doctora, ayúdeme; lo necesito. Estoy desesperada.

María del Mar

Querida María del Mar:

En la vida hay momentos en que debe-mos parar, dejar de hablar y comenzar a actuar. Me parece que ya usted ha hablado

bastante; ahora le toca actuar. ¿Qué haría yo si fuera usted? Lo invitaría a cenar en un lugar donde puedan hablar tranquilamente. Sin perder la calma, le diría que no estoy dispuesta a pasar un día más en esa situación. Le explico todo lo que estoy sintiendo y, sin criticarlo, sin insultarlo ni maltratarlo, dejo salir lo que siento, desde "la posición yo", o sea, diciéndole yo creo, a mí me parece... Admitiría mi contribución al conflicto; por ejemplo, usted lo ha permitido, usted se ha quedado en bla, bla, bla y no ha actuado, lo ha perdonado... pero sin que él haya cambiado su conducta. Como digo siempre en televisión, conducta que no tiene consecuencias, conducta que se repite.

Ustedes están petrificados en una danza; eso es peligroso y obedece a problemas emocionales de los dos que hay que resolver. Fíjese que dije problemas de los dos: él lo hace y usted se lo soporta, él se siente sofocado y usted se siente abandonada... los dos están implicados y reaccionando ante lo mismo. Necesitan ayuda profesional, terapia de pareja. Si él no quiere hacer nada al respecto, busque ayuda usted y salga de esa danza... sólo terminará con los pies y el corazón partidos.

¡Que la Fuerza la acompañe!

La danza del *sobregirado* y el *bajogirado*

Todos conocemos la danza del sobregirado y el bajogirado: la mujer que lo hace todo, que resuelve todo, que consigue un préstamo si no hay dinero, la que tiene que ver con los problemas de los hijos, la que está ahí día a día: es la sobregirada. Está sobregirada porque tiene toda la responsabilidad sobre sus hombros; realmente no tiene un compañero, sino "otro hijo". La pareja de esta mujer vive esperando tranquilamente que le resuelvan los problemas y no hace nada. O viceversa: la mujer que está esperando que el marido le resuelva todo, no tiene un proyecto de vida, no va a ninguna parte y el otro se queja porque está realmente sobregirado. Cuando es la mujer quien está bajogirada o en bajo funcionamiento, tiende a deprimirse. Esa danza en la cual la mujer es bajogirada es muy común y se funda sobre todo en el machismo que impera en nuestra sociedad.

El sobregirado es aquel que tiene siempre proyectos, el que nunca acaba de hacer, el que siempre está en progreso; el bajogirado es el que nunca tiene proyectos, el que espera pasivamente que otro resuelva y haga todo, el que consulta cualquier decisión con el otro. En esta danza

siempre hay uno que brilla y hay otro que está abajo; en el sube y baja, el sobregirado está arriba y el bajogirado está abajo. Pero para que uno esté arriba tiene que haber alguien abajo, alguien que lo sostenga.

Uno de los miembros funciona bastante bien en la vida, siempre está feliz, en contraste con la desesperación y disfuncionalidad del otro. Emocional e inconscientemente, ambos actúan en sintonía para que uno sea rotulado como el que funciona bien mientras que el problema radica y descansa en el otro. Muy a menudo uno de los dos puede darse cuenta de que la relación contribuye a la enfermedad, pero no tiene idea de cómo romper este patrón disfuncional, pues a ambos les fascina manejar el poder desde sus respectivas posiciones.

Al sobregirado le encanta dirigirle la vida a las otras personas. Decirle al otro lo que debe hacer, lo que tiene que estudiar, las amistades que más le convienen; siempre le está poniendo reglas, dando órdenes al otro porque supuestamente él o ella es la persona que sabe lo que hay que hacer. El sobregirado es un "todólogo" y no admite que le cuestionen lo que piensa... y siempre que se le cuestiona tiene una justificación para defender lo que dice y por qué lo

hace. Tiene un control absoluto de la situación. Siempre guiando, siempre protegiendo, siempre diciéndole al otro lo que le conviene: todo lo sabe, no admite fracaso. Cuando lo confrontan responde agresivamente, puede experimentar esporádicos estallidos y reconoce que "Ya esto no lo aguanto más, tú no haces nada, no resuelves nada y todo me toca resolverlo a mí". Pero estas explosiones son momentáneas y el sujeto pronto vuelve a tomar su posición de líder de la familia, el guía de la pareja, quien decide qué hacer. Le fascina que el otro no desarrolle su capacidad para crecer, para ser mejor persona; siempre anda pisoteando a los demás, y su estilo preferido es la descalificación. El sobregirado siempre busca la forma de descalificar al otro, "Tú no haces nada, nunca sacas un proyecto hacia delante, siempre tengo que decirte lo que tienes que hacer". Este personaje acumula tantas ocupaciones que a veces siente que se va a volver loco; pero es precisamente esa sensación lo que le da energía.

Al bajogirado, en cambio, le encanta que se hagan cargo de él o de ella, emocionalmente hablando; esta actitud se ajusta con la del sobregirado, a quien le gusta hacerse cargo emocionalmente de la vida de otro. El bajogirado nunca tiene un proyecto, nunca sabe lo que tiene que

hacer, está en un túnel y no ve salida. Su vida no tiene sentido y cuando cree que tiene un proyecto, siempre busca el consejo, la orientación, del esposo o de la esposa para que le diga si eso es de verdad lo que le conviene. De tanto en tanto se queja de que el esposo o la esposa no le presta atención... como el sobregirado esta en cinco juntas directivas, es el gerente de la empresa, tiene 80 mil compromisos, nunca tiene tiempo. El bajogirado se siente que está solo, que está abandonado. Prácticamente se puede pasar la vida dependiendo emocionalmente del otro. El bajogirado se ve como una persona enferma, dependiente, sin capacidad para salir hacia delante.

Muchas veces el sobregirado señala con el dedo y riñe al compañero, "Ya ves, te lo dije que no ibas a llegar a nada; es lo que siempre has hecho, me dices que invierta dinero en ti, que te ponga este negocio, pero cuando te doy el dinero para que prepares esos proyectos nunca duran más de un mes, terminan en el suelo". Es una situación bastante difícil porque ambos se complementan. En esa posición ambos manejan poder, tanto el que supuestamente está en control de la situación como aquel que está por debajo; es el clásico sube y baja. El sobregirado aparentemente tiene control de toda la situación; es el que

decide, el que dice, el que hace. Pero la depresión del bajogirado, el deseo de no hacer nada, la frialdad con que enfrenta la decisión, es también una forma de manejar el poder. Tú me necesitas para poder seguir siendo un sobregirado, y yo te necesito para seguir siendo una bajogirada. Por lo tanto, cada uno desde su posición maneja mucho poder.

Por lo general, el sobregirado viene de una familia donde no tuvo oportunidad de ser niño; le robaron su niñez, lo "parentalizaron" desde pequeño, lo volvieron padre de sus padres, lo hicieron tomar responsabilidad de muchas situaciones en las cuales correspondía a los adultos hacerse cargo. Los hijos parentalizados (padres de sus padres), como en el caso de hijos de alcohólicos, casi siempre funcionan como sobregirados cuando forman su propia familia, porque es la persona que viene con una destreza para resolver y hacerse cargo de situaciones. Simplemente lo que hace es una extrapolación, una proyección del estilo que aprendió en su casa para llevarlo a su familia. Por eso tratan al otro como a su hermano menor. O sea, es sobreprotector, dominante, autoritario; además, no sólo le gusta conducirle la vida a su pareja, también le gusta conducirle la vida a todo el mundo. En el trabajo se hace cargo de dos o tres personas, en la empresa

siempre asume más compromisos de la cuenta, es miembro de cuatro o cinco juntas directivas, y en la casa posiblemente no se le ve porque tiene tantas cosas que hacer y es un hombre de éxito. Así el bajogirado se torna una persona enferma, depresiva, empieza a sufrir de úlcera, a tener problemas estomacales, migraña y un sinfín de trastornos psicosomáticos (enfermedades desencadenadas por los problemas psicológicos).

¿Qué puede llevar a una persona a ser bajogirada? Puede provenir de una familia donde el rol de papá estaba prácticamente anulado, o de una familia donde se anuló su capacidad para salir adelante, donde nunca se le reconocieron sus virtudes, sus valores, sus capacidades. Esto causa que la persona tenga una baja autoestima y que elija como compañero a un sobregirado para que le resuelva la vida.

Sólo salen de ese círculo vicioso si deciden enfrentar esos temas y buscar ayuda. Cuando el sobregirado se da cuenta de que ya está perdiendo el control del otro, se produce una crisis en la familia. El sobregirado hace lo que sea necesario para recuperar el control y mantener al bajogirado en su antigua posición.

Características del *sobregirado*

- Le fascina dar el consejo oportuno y pertinente.

- Le gusta hacer cosas por los otros, aun en casos en que su ayuda no es indispensable.

- Siempre está preocupándose por los demás.

- Se siente responsable por los otros; siempre sabe qué es lo mejor para ellos.

- Le encanta hablar, más que escuchar.

- Siempre tiene metas para los demás, que en realidad éstos no desean.

- Experimenta "explosiones" periódica y repentinamente.

- Asume la posición de víctima cuando su pareja lo confronta; sus respuestas típicas, "Ahora soy yo el culpable.", "¡Qué fue lo que hice ahora!".

- Utiliza un doble "vínculo" (mensajes contradictorios) al comunicarse: por un lado, "No salgas a trabajar que yo lo haré.", y por el otro, "Lo único que haces es estar en la casa, yo tengo que resolver todo".

- Siempre decide qué comprar, qué comer, dónde y con quiénes pasar las vacaciones...

- Su arma favorita es la descalificación, una forma efectiva de destruir la autoestima del compañero o compañera.

- Le fascina hacerse cargo de la vida emocional del compañero o compañera.

Características del *bajogirado*

- Siempre solicita consejos para tomar decisiones.

- Pide ayuda aunque no la necesite.

- Actúa irresponsablemente; su misma actitud de culparse por todo es muestra de su irresponsabilidad.

- Le fascina escuchar, más que hablar. No se conforma con escuchar a una persona... busca, busca, busca hasta la saciedad o hasta que harta a los demás.

- Vive en las nubes; nunca tiene metas precisas ni proyectos por realizar.

- Cuando se pone metas en la vida, al poco tiempo las abandona.

- Se deprime periódicamente. A veces se vuelve adicto a ciertas sustancias.

- Le encanta que se hagan cargo de su vida emocional.

¡Cada sobregirado merece y necesita a su bajogirado, y viceversa!

Asi se baila la danza del *sobregirado* y el *bajogirado*

Sólo es realmente significativa aquella relación de pareja donde yo soy yo, donde puedo ser yo, hacer lo que yo quiera, desarrollarme como ser humano, crecer, tener las riendas de mi vida y mi propio proyecto de vida; una relación en la que comparto contigo. Se supone que en ese espacio el otro ser humano también tiene su proyecto de vida, se destaca en lo que hace, es exitoso y puede vivir sin mí. Todo lo contrario a lo que pasa en la danza del sobregirado y el bajogirado, en la cual uno de los dos es siempre "un bueno para nada". Por lo general es el hombre el sobregirado, el que trabaja y es exitoso, el que trae a casa la mayor parte del dinero, el que brilla.

Donde la vaca tuerce el rabo es en la danza cuyos papeles se han invertido: la mujer brilla, tiene éxito, en tanto que el hombre va a la zaga, no sabe qué hacer con su vida. Esto va a contracorriente con lo que la sociedad sanciona como "normal", y el "marido mantenido" tiene que enfrentar la hostilidad de propios y extraños.

En esta danza los dos miembros se coordinan consciente o inconscientemente para desempeñar sus roles respectivos. Las consecuencias físicas y emocionales (ambos se enferman, uno por depresión y el otro por el estrés) son terribles y para toda la vida; asimismo los hijos resultan afectados, ya que están condenados a repetir el modelo en sus parejas.

Querida Nancy:

Tengo un marido bueno para nada. Él trabaja, pero no saca ni una gata a hacer pipí; es un inútil. Todo tengo que hacerlo yo: pagar las cosas, estar atenta a que renueve su licencia de conducir, que pague sus multas de tránsito, que resuelva sus asuntos personales. Sólo está en el mundo para comer, ir a trabajar como un autómata y pedirme sexo, cosa que casi nunca le doy, porque no me motiva para nada.

Mientras yo estoy en varias asociaciones culturales, soy presidenta de la asociación de padres del colegio de mis hijos, estoy haciendo otra maestría, él es sólo un bueno para nada. Ya ni tengo deseos de hablar con él, no ve televisión, no lee ni el periódico, mucho menos un libro, no hace ejercicios, no le gusta salir. Parece que estoy viviendo con otro hijo. Por momentos exploto, lo insulto; después me da lástima, él es buen hombre, pero ya no puedo más.

Cuando exploto él se queja de mí y dice que lo hago sentir como un inútil. Pero Nancy, es que es un inútil. Cuando leo sus artículos y veo su programa, oigo que repite que los niños hacen lo que ven, no lo que les dicen que hagan, y me da miedo que mi hijo sea como él.

Trabaja, pero como no crece en su trabajo, gana muy poco. Casi todos los gastos son mi responsabilidad; si me llego a enfermar o morir, pienso: ¿Qué será de mi hijo? Estoy muy preocupada, por favor, Nancy, dígame algo. ¡Dígame qué hago!

Esposa Explosiva

Querida Esposa Explosiva:

Esa danza que tienen usted y su esposo es peligrosa. Tanto para su relación como para su salud mental y física. No es fácil sentirse un inútil y casi mantenido por su mujer, sobre todo en esta cultura.

Tampoco su posición es agradable: puede terminar con un infarto. Está sobrefuncionando, está sobregirada. Usted saca de su cuenta emocional y física mucho más de lo que dicha cuenta tiene y, por ende, eso tarde o temprano va a tener consecuencias lamentables.

Tiene razón cuando me dice que su hijo va a copiar lo que ve. Los hijos repiten nuestra conducta, sobre todo a la hora de elegir pareja. Somos el modelo que ellos copian.

Me pregunta qué hacer. Sólo hay un camino: ayuda psicológica, terapia de pareja. Están en una danza crónica, repetitiva y que los está haciendo sentir mal a ambos. No son un ejemplo sano para sus hijos... es hora de hacer algo.

La ciencia está muy avanzada; podemos cambiar, si queremos. Lanzarse, dar el salto, arriesgarse, es mejor que pasarse la vida así y terminar enfermos y amargados.

Que Dios la guíe.

Hola Nancy:

Te felicito por tu programa; poco a poco me he convertido en un fiel televidente de tu espacio. Mi problema es el siguiente. Tengo veinticuatro años y mi novia tiene diecinueve. Nuestra relación es muy buena y nos amamos. El inconveniente está en que desde que nos conocimos la vida de ella gira en torno a mí. Me he convertido en su único amigo, su novio, etc. No me molesta ser todo para ella, pero cuando estoy mal, ella no puede hacer nada porque ha aprendido a depender de mí y no sabe cómo ayudarme en mis problemas.

La verdad es que todo lo nuestro lo decido yo. Mi carácter puede confundirse como una persona posesiva, pero no lo es; quisiera que ella tomara decisiones (ya lo hemos hablado), pero no las toma. No soy machista y considero que ambos en la pareja pueden tomar decisiones.

Aconséjame cómo puedo hacer para que ella participe de todo, porque ya lo hemos hablado y todo se queda en "lo voy a intentar". Ella misma me ha dicho que no tiene miedo… pero no hace nada.

XS

Querido XS:

¡Permíteme felicitarte: pocos hombres he conocido en mi vida parecidos a ti! Me alegra que existan jóvenes que piensen como tú. Estás en lo correcto, no cambies. La que sí necesita "dar el salto" es tu novia… o te

perderá. Pero, como terapeuta familiar que soy, te advierto que toda conducta necesita su contraparte para que se dé. Sería bueno analizar qué estás haciendo tú para propiciar esa conducta de ella.

Una pareja debe crear un espacio en el cual nos sentimos escuchados, comprendidos, amados y valorados. Si esto no se da, la pareja fracasa. ¿Entiendes ahora por qué razón ataco el machismo trasnochado y la violencia de muchos hombres? Creen que los ataco a ellos, pero realmente los estoy defendiendo. En la pareja pueden lograr lo que desean y además crecer, pero en una verdadera relación. ¿Por qué elegimos pareja? Casi siempre para resolver temas emocionales no resueltos de nuestra niñez o nuestra familia de origen. Debemos preguntarnos: ¿Qué vacío llena el otro en mi vida? ¿Cuáles son las necesidades emocionales que tú esperas que esa persona llene? ¿Cuál es la "danza" que ejecuto contigo? Si un ser humano no puede ser "él mismo" y estar contigo... eso no dura.

Los seres humanos necesitamos ser libres, crecer, desarrollarnos, para poder aportar a una relación de pareja. Eso no es posible si siempre estoy en una posición de "bebita inepta" o de

víctima. Debe existir una posición de igualdad, de "yo aprendo cosas de ti y tú de mí". No podemos ser "el papá o la mamá" de nuestra pareja... no es sano ni duradero. Te siento un poco papá de tu novia y te está pesando ese caldo, porque no es tuyo. Busca ayuda profesional para tu novia. Ella necesita crecer y aprender a ser independiente, y quizás en su casa nunca se lo permitieron; recuerda que esta sociedad sobreprotege a las hembras, y después los hijos sufren las consecuencias. Ella puede cambiar con ayuda profesional. Recuerda que son dos columnas las que sostienen una relación: la capacidad de asumir compromisos y la capacidad para confiar en el otro. Confía en ella y asume el compromiso de ayudarla a crecer.

¡Que Dios te bendiga!

Querida Nancy:

Soy una mujer casada desde hace veinte años con un hombre muy trabajador y respetado. Ha sido buen padre y buen marido, me da todo lo que necesito… pero yo me siento como un pajarito en una jaula. He intentado hacer cosas para no estar en esta casa esperando por él, ya que mis hijos se fueron, se casaron o estudian fuera. Cuando estaban aquí era más fácil, me sentía útil… ahora sólo me aburro. Cuando llega siempre tiene miles de cosas que hacer, y sigo sola. He intentado poner negocios, estudiar, trabajar y ha sido en vano. Los negocios no son mi fuerte, fracaso y termino quebrando; estudiar me trajo muchos conflictos con él. No le gustaba que saliera a estudiar y que cuando llegara a la casa no estuviera; me deprimo mucho y cuando eso me pasa falto a las clases y no vuelvo, pierdo la motivación. Con el trabajo pasa algo similar. El último que conseguí casi me cuesta el divorcio; él me puso a elegir o el trabajo o el matrimonio. Dice que no necesito nada, es verdad, pero me gustaría sentirme útil y tener algo que hacer. ¿Qué piensa?

La Confundida

Querida Confundida:

¿Cuándo va a pensar en usted? ¿Cuándo le llegará su turno? Perdone que se lo diga, pero su marido es un gran egoísta… con razón usted se deprime. Eso les pasa

mucho a las mujeres que han hecho su vida alrededor de un hombre y se han olvidado de ellas.
No tienen un proyecto de vida, sólo son madres
y esposas. Cuando los hijos se van, se enfrentan
al nido vacío y a su soledad. Ése es el motivo de
su depresión. Está enredada en una danza con
su esposo: él es el sobregirado y usted la bajogirada. Le recomendaría que busque ayuda psicológica. De seguir en esa danza, tanto su marido
como usted se enfermarán más y más cada día.
Ser madre es importante, ser esposa también...
pero si eso nos lleva a traicionarnos a nosotros
mismos, a renunciar a nuestros sueños y deseos,
terminamos siendo malas madres y malas esposas, tristes, enfermas, amargadas... ni sus hijos
ni su marido merecen eso, y mucho menos usted.
Ámese más, luche por sus sueños y haga que su
marido la entienda.

¡Que Jesús la guíe!

La danza del *campeón* y el *retador*

La danza del campeón y el retador es la que llevan a cabo las parejas cuyos miembros siempre están listos para pelear: uno de ellos siempre está retando y el otro no deja de pelear hasta el último golpe. Ambos están prestos a reaccionar a lo que el otro diga o haga. Son esas mujeres y esos hombres que dicen, "Yo no me quedo con nada en la boca, esa lengüita mía siempre está preparada para responder; tú me dices algo y yo te respondo, tú me hiciste aquello, yo también te lo hago". El hogar parece un ring de boxeo, y ellos dos boxeadores con los guantes puestos, esperando que suene la campana para darse golpes.

No sólo están siempre dispuestos a pelear, sino que viven buscando cualquier excusa para pelear. Cualquier evento hace que suene la campana indicando que el asalto ha comenzado; este evento puede ser una mirada, una palabra, un gesto, el recuerdo de un acontecimiento pasado, el toque de uno de nuestros temas no resueltos, etcétera.

(Siempre digo en mi programa que la elección de la pareja depende de los temas no resueltos de la niñez, porque la persona elegida responde justamente a las características de uno de los padres.)

La pelea entre el campeón y el retador es siempre intensa, y mientras más intensa, más emocionante. Uno de los dos trata de vencer a su contrincante, y para ello recurre a cualquier estrategia. La pelea puede darse en forma de violencia emocional o física, o ambas. Necesitan herirse, lastimarse, descalificarse. Ésa es su gran destreza.

Este espectáculo, al igual que una pelea de boxeo, debe darse frente a un público: mientras más gente lo vea, mejor. Debe verlo el gato de la casa, el perro, los hijos, los vecinos; todos se enteran. En ocasiones hay estallidos de violencia y hasta pueden llegar a romper los muebles de la casa; sin embargo, como si nada, al día siguiente van a comprar lo que rompieron la noche anterior.

Cuando el asalto finaliza, cada uno se retira a su esquina a descansar. Durante este descanso se pide perdón, se aman como nunca antes lo habían hecho, se prometen y juran que nunca más volverá a pasar; se dicen "Si nos amamos, ¿por qué nos hacemos daño?". El acto sexual que tiene lugar durante este descanso los lleva a la gloria. Pero éste es sólo un descanso que les permite recobrar fuerzas para el siguiente asalto: basta un gesto, una mirada para que estén de nuevo en el centro del cuadrilátero. Así se pasan la vida: odiándose y amándose.

Son dos personas con niveles de autoestima sumamente bajos. La inseguridad los marca a

ambos por igual, el sentimiento de desgracia y fatalidad los acompaña por siempre. A menudo hacen la siguiente reflexión, "Si me busco otro (u otra) va a ser peor... total, es el hombre (o mujer) que quiero y que amo".

La vergüenza para ellos ya no existe. Tienen a la familia dividida y en contra. Algunos ya están hartos de estos espectáculos; otros se preocupan ante la posibilidad de que un día cualquiera pase una desgracia.

En su estado de quietud y reposo (que, por cierto, son muy pocos) le piden a Dios, al terapeu- ta, a los amigos, al cura, al pastor, que los ayuden pues ya no quieren seguir viviendo en esa lucha constante... porque al fin y al cabo... *nos amamos a pesar de lo que digan los demás.*

Características del *campeón* y el *retador*

- Necesitan ser tomados en cuenta, valorados y apreciados por el otro.

- Suelen provenir de hogares donde se tiene o se ha tenido una relación de odio-amor con uno o ambos progenitores. Pero esta dualidad de "te odio, pero te amo" ha sido negada o, en el mejor de los casos, no ha sido reconocida.

- No reconocen sus sentimientos descontrolados y disfuncionales; en muchos casos ni siquiera se dan cuenta del carácter extremo de su conducta.

- Piensan que los demás "no entienden" su forma tan apasionada de "amar".

- No tiene conciencia de que viven "pasando la factura a su pareja" de sus asuntos no resueltos con sus agresivos y violentos padres.

- No saben cómo manejar su rabia e impotencia.

Así se baila la danza del *campeón* y el *retador*

Las personas que ejecutan esta danza por lo general vienen de hogares muy disfuncionales, donde tienen o tuvieron muy malas relaciones con al menos uno de sus padres, lo cual ha originado un odio-amor con uno de los progenitores o con ambos. Es por esto muy común que "le pasen factura" a su pareja, trasladando su ambivalencia (los odian y los aman) de los padres a la pareja. Evidentemente no han trabajado estos sentimientos; en muchos casos incluso ni los han reconocido, e incluso se defienden y lo niegan cuando se les pregunta acerca de ellos. De hecho, muchas personas agreden a sus parejas mientras idolatran a

su padre o madre, a quienes califican de buenos, y es imposible que entiendan que fueron maltratados por éstos, o que preferían a otro hermano, o que los golpeaban, etc. El niño no puede dejar de amar a sus padres; lo terrible es cuando tampoco puede dejar de odiarles. Y más temible es cuando esta guerra ocurre a nivel inconsciente: las personas que están pasando por esto no tienen idea de por qué es así.

Así, eligen un compañero con las mismas características del padre rechazado, odiado y amado a la vez; esto les permite desahogar su odio-amor. Por ejemplo, si el padre era alcohólico, se enamoran de un alcohólico, y a éste sí lo insultan y a la vez lo cuidan, como desearon hacer con el padre alcohólico.

Como si vivieran en un campo minado, cualquier cosa que pase hace explotar la bomba, hace que comience la guerra. Pero la rabia no la dispara en verdad el compañero; cualquier "botón" que éste roce activa el mecanismo que hace explotar la bomba inmediatamente.

La solución es buscar ayuda y trabajar con las figuras paternas; humanizarlas, aceptar y perdonar, en un proceso. Pero esto es sumamente difícil porque no aceptan que tienen un conflicto con los padres.

Querida Nancy:

Hola. Estoy muy preocupado porque siempre veo su programa y en él he aprendido que un matrimonio debe basarse en el respeto y que nunca debemos pegarle a nuestra compañera. ¡Wao, doctora, usted me la ha puesto en China! O sea, no sabe qué duro ha sido asimilar eso para mí. Soy compatriota suyo y la verdad que no se qué hacer entonces; me explico: mi mujer y yo estamos juntos desde hace más de quince años, la amo profundamente… pero a cada rato nos vamos a los trompones. Hemos roto los muebles de la casa como diez veces, los platos de la cocina viven destruidos, ella me los tira a la cabeza a cada rato. Tengo que confesarle que le he pegado, y ella a mí. Después del escándalo, hacemos el amor… y de qué manera, eso es como dice usted "con fuegos artificiales"… pero a los pocos días estamos de nuevo peleando. Sé que esto ha afectado a mis hijos, pero no la puedo dejar, ni ella a mí.

El Boxeador

Querido Boxeador:

Un día de estos me va a ver en la televisión desde la cárcel. Y si se la llevan a ella también, ¿quién cuidara a sus hijos? Ese amor tan explosivo y agresivo está feo para la foto y arrugado para el video. Ya eso hay que pararlo, ¿no cree? Si no lo hacen por ustedes, inténtelo por sus hijos. Su

relación con su esposa será el modelo de lo que será la pareja de sus hijos en el futuro. Creemos que somos libres, pero no es así. Cuando nuestra conducta afecta a los que amamos, no tenemos derecho a seguir en ese camino. Nadie debe hacer daño a sus hijos, y usted acepta que ya eso está pasando. Sé que no es su intención, pero el punto importante es que ya sabe que está mal. Hay que cambiar; ya es hora, compatriota.

Usted y su mujer se han quedado estancados en la danza destructiva del campeón y la retadora. Hable con su esposa, convénzala para que vayan a un buen terapeuta de parejas; la terapia es más barata y útil que comprar muebles a cada rato. Y tenga en cuenta que en ese tipo de relación un empujón o un mueble que sale volando puede causar una desgracia, como que uno de ustedes resulte con una lesión grave, o que alguno de los hijos sea alcanzado por esos "proyectiles". Deténgase, amigo, ya es hora.

Sígame viendo: así lo voy educando mientras disfruta.

¡Que la Fuerza lo guíe!

Querida Nancy:

Soy tu admiradora, soy fuerte como tú. Hay algo en que sí no estoy de acuerdo contigo: que no se debe pegar a quienes amamos. Tengo mi marido hace tres años, fuimos novios por tres años también, pero a pesar de amarnos profundamente, nos vivimos golpeando, insultando y maltratando. Ni pensamos en dejarnos; somos así y no creemos que estamos mal. Y tú ¿qué piensas de eso? Aunque creo saber lo que me dirás.

La Preguntona

Querida Preguntona:

Usted sabes bien que no estoy de acuerdo con la violencia y la agresividad. El amor no debe mezclarse con eso porque termina mal. Piense nada más que en una de esas batallas de ustedes lo empuja, se cae por una escalera y se mata. ¿Qué sigue a eso? La cárcel, el hospital o el cementerio. Mucha gente cuando ve lo que ha hecho se mata también. En medio del pleito se puede caer, y sería usted quien terminaría en el cementerio o en el hospital. El amor es armonía, comunicación; es compartir, disfrutar. Pueden existir conflictos, pero deben resolverse hablando con respeto. Con la persona que hacemos el

amor nunca debemos llegar a esos extremos. Está ejecutando una danza muy peligrosa, que ya se ha hecho rígida, repetitiva, y eso indica que algo huele mal y puede oler peor. Ojalá que se detenga a tiempo.

¡Que Dios la bendiga!

Conclusión

La ejecución crónica de las danzas que hemos descrito hasta aquí nos impide tener una verdadera relación de pareja, una relación significativa. De acuerdo al psicólogo Joaquín Disla, una relación significativa consta de dos columnas: la capacidad para asumir compromiso y la capacidad para confiar. En sus palabras, "[...] es como un techo que está sostenido por dos columnas, cualquiera de las dos que deje de estar o se quiebre provocará que el techo se derrumbe. El vínculo que une a estas dos columnas es la reciprocidad. La reciprocidad para que no se convierta en un instrumento de injusticia debe darse en equilibrio. Las personas que no están dispuestas a comprometerse y que no son dignos de confianza nunca serán consideradas por los demás como opción para desarrollar una relación significativa. Usted está en ella, tanto para dar, como para recibir".

Cuando estamos atrapados en una danza fija, es imposible tener una verdadera relación. O sea, que no sólo debe existir compromiso y confianza, sino que esto se debe dar en un ambiente de justicia relacional: yo te doy, tú me das. La manipulación, la descalificación y la violencia no caben en una relación significativa. Las danzas que se establecen y se repiten hacen que las relaciones no funcionen.

¿Por qué no funcionan las relaciones? Por la gran ignorancia que tenemos; estamos rodeados de mucha información negativa en relación a la elección de pareja.

La gente sigue pensado que para casarse lo único que se necesita es estar enamorado. Vivir en pareja es muchísimo más complicado que cualquier otra cosa que usted vaya a hacer; una pareja proporciona un lugar de conflicto para crecer: si podemos resolver esos conflictos y crecer, tendremos momentos de felicidad. Esa caricatura del amor que nos venden las telenovelas es mentira; por eso todas terminan cuando las personas se casan. Seguimos sin educar a nuestros hijos para algo tan importante como esto. Vamos a la escuela y aprendemos matemáticas, inglés, historia, y me parece muy bien, eso es necesario, pero me sigo preguntando, ¿y quién está educándonos para la vida? Usted es esposo o esposa toda su vida; es papá o mamá toda su vida; es hija, hijo, amiga, amigo, compañero de trabajo, toda su vida; pero nadie lo educa para ello. Asistimos a la universidad, o sea, nos preocupa la parte intelectual o la parte técnica, pero nos hemos olvidado de la parte emocional, de la espiritual y de la relacional. Llegamos a la luna, pero no nos entendemos; hemos llegado a la luna pero no sabemos cómo llevarnos bien con nuestra pareja.

Las danzas de la pareja son el cómo se relacionan las parejas. Las parejas pueden relacionarse de una buena o de una muy mala forma, y dependiendo de cómo se relacionen, ese matrimonio va a funcionar. Pero nosotros no sabemos ni fuimos educados para elegir pareja y para mantener funcionando nuestro matrimonio. Gastamos tanto dinero en los trajes de los novios, en las celebraciones de esa boda, en la comida, la música, etc., y nos olvidamos de que si no preparamos a los novios, ese matrimonio va a fracasar.

Es cierto que hay una gran parte de esa educación que no cambiará los temas no resueltos de nuestra niñez, pero por lo menos sabremos que existen. Para poder tener un buen matrimonio tenemos que seguir aprendiendo, trabajando con nosotros mismos, superando nuestros traumas, analizando nuestros patrones repetitivos de conducta, nuestros miedos. Aceptando que hay un mundo interno, inconsciente, que influye fuertemente en nosotros, al que tenemos acceso sólo en sueños, terapia o trance, y que es ahí donde reside el deseo sexual, las razones que nos llevan a enamorarnos, las razones que tiene el corazón, que la razón no entiende. Hay que enfrentar esos fantasmas, o ellos nos enfrentarán a nosotros.

Recomendaciones

- La relación de pareja es un espacio de comunicación, pero ante todo es un espacio de crecimiento y desarrollo. Las danzas fijas impiden que esto se lleve a cabo.

- Si usted se da cuenta que su relación no funciona y que se encuentra "en la cárcel de una danza", tiene que salir rápido de ahí, su único "abogado" es enfrentar lo que lo lleva a "danzar así".

- Recuerde: No existe en el mundo algo más difícil que una relación de pareja; por eso tenemos que educarnos, crecer y desarrollarnos para poder adquirir las destrezas que nos guíen a bailar sin "pisarnos los pies". Usted puede, si quiere.

CAPÍTULO III

Nuestros niños: Nuestra alegría y, a la vez, nuestro dolor de cabeza

Introducción

Si alguien me preguntara cuál fue el mejor momento de mi vida, no dudaría un minuto en decirlo: el día que nació mi hija. Indudablemente que fue un día difícil, pero todo se esfumó de mi mente cuando la vi, cuando la pusieron sobre mi pecho aún llena de sangre y mucosidad. He tenido muchos días hermosos y poco comunes, he visto un teatro de mil quinientas personas aplaudirme de pie, también he visto lo mismo después de una charla multitudinaria, he recibido numerosos premios y reconocimientos, he amado profundamente, he viajado y conocido lugares que te quitan la respiración por su belleza... Nada, absolutamente nada, se compara con tener un hijo. Sentir cómo sale de tus entrañas, verlo crecer y desarrollarse, llevarlo a la escuela, cuidar su fiebre, oír su primera palabra, verlo dar sus primeros pasos. Tendría que dividir mi vida en dos partes: antes y después de ser madre. Una vez que eres madre, se acabó el dormir tranquila toda la noche, se acabó el querer vivir la vida loca; el miedo a que algo le suceda a nuestros hijos nos angustia, los sentimos parte tan importante de

nuestra vida que tenemos que luchar cada día para tener "una vida" al margen de la de ellos. Nada ni nadie nos dará tanta satisfacción, dolor y preocupación, ni tantas razones para superar cualquier obstáculo y seguir adelante.

Así, los hijos se convierten en nuestra alegría, en el motivo que nos impulsa a vivir y, a la vez, en nuestra mayor preocupación o dolor de cabeza. Creo que ninguna madre, ningún padre, dudaría en dar su vida por un hijo. Si existe un amor verdadero en el mundo, es el amor hacia nuestros pequeños. No espera nada, lo da todo. ¡Nunca un hijo puede devolverles a sus padres lo que éstos le dan, sólo comprenderán su amor cuando ellos sean padres!

Educar un hijo es sin duda alguna la responsabilidad más grande que un ser humano pueda tener. No sabemos si un hijo nuestro será el presidente de su país o un científico importante, por lo que la vida de muchos será influenciada por él. Así sea un ciudadano común y corriente, es indudable que todos influimos en los demás, sobre todo en nuestros familiares y amigos cercanos. Si llega a tener un hijo, será el creador de un nuevo ser humano en el mundo; sobre sus hombros pesará la tarea más difícil e importante que existe... aun-

que, tristemente, en la mayoría de los casos carezca de información y educación sobre cómo llevar a cabo exitosamente dicha tarea. Es sumamente lamentable, porque criar un hijo es ciencia hoy día. Estoy segura de que usted olvidó hace mucho lo que aprendió de matemáticas o geometría, pero tiene cada día que ser padre o madre, esposo o esposa, hermana, hermano, amigo, tío o tía, abuela o abuelo... sin ninguna información.

Para empeorar la situación, la psicología de un niño es algo muy delicado: podemos hacer mucho daño, sin querer, debido a la ignorancia. Somos modelos para nuestros hijos; copian lo que ven en nosotros, no lo que le decimos; llegan hasta donde nosotros emocionalmente llegamos. ¿Podemos dar lo que no tenemos? Esto nos crea una gran responsabilidad: crecer, superar los problemas que arrastramos de la niñez, actuar de forma que nuestros hijos puedan copiar un modelo funcional... algo sumamente complicado porque todos nosotros tenemos nuestros conflictos sin resolver, y éstos se acrecientan con nuestros seres amados. Le pasamos factura a nuestras parejas e hijos de lo que nos afectó en la niñez y en nuestras familias de origen. ¡Tener un hijo inicia una hermosa

aventura y a la vez nos mete en un tremendo lío, y no de ropa!

Este es un asunto muy importante. Seleccionamos los temas donde hemos detectado más confusión y angustia en los padres. Esto es apenas la punta del iceberg; queda mucho por buscar, estudiar y preguntar sobre cómo educar eficazmente a nuestros niños.

Sexualidad y educación sexual en los niños

Querida Nancy:

Tengo una inquietud y es la siguiente: ¿Hasta dónde los mensajes en los medios de comunicación son positivos para el crecimiento sano, tanto en lo psicológico como en lo físico, de nuestros pequeños? Las actitudes y comportamientos de nuestros jóvenes dejan mucho que desear. Soy una madre joven y me preocupa enormemente que mis hijos, a quienes mi esposo y yo tratamos de educar de la mejor manera posible, crezcan viendo, oyendo y leyendo tanta violencia y desorientación sexual.

Creo en la educación sexual a temprana edad y creo que todos deberíamos tener los mismos derechos y las mismas oportunidades. ¿Han tomado en cuenta estas inquietudes las principales instancias educativas de nuestros países?

Madre Preocupada y Joven

Querida Madre Preocupada y Joven:

Qué bueno es tener padres como tú. Sí, los medios de comunicación influyen mucho en nuestros hijos, sobre todo en lo que a la agresividad se refiere. Se han hecho estudios en los cuales algunos niños ven programas de muñequitos "agresivos" en la televisión durante varias horas, y se ha comprobado

que los niños se tornan más y más agresivos; o sea, la conducta agresiva se aprende. El sexo no tanto, sobre todo si el niño que ve algo sexual se atreve a preguntar, y sus padres, familiares y maestros le dan respuestas correctas desde el punto de vista sexual, y con naturalidad. Pero para eso estamos feos para la foto y arrugados para el video... nuestros padres, maestros y profesionales, en su inmensa mayoría, no están educados sexualmente. Lo que empeora la situación es que los medios de comunicación tienen una doble cara: me ponen un piiii cuando digo soledad vaginal, pero durante el día es muy común ver bailarinas semidesnudas, escuchar chistes de doble sentido. En otras palabras, abunda la distorsión de la sexualidad. Usar la sexualidad de forma disfuncional, denigrando a la mujer, usándola como un objeto sexual para subir el índice de audiencia de un programa es otra cosa que nos hace daño... pero los responsables son los empresarios que apoyan esos programas, ese tipo de publicidad, dejando de lado los programas formativos, con contenido y divertidos. También los seres humanos que son autómatas, hombres masa, que no evalúan, ni leen, ni piensan y, claro, no ven "¿Quién tiene la razón?".

La televisión debe ser un medio que informe, entretenga y forme. Si no logra estas tres cosas, no

es buena televisión. En 1985 yo tuve un programa de televisión educativo que ganó todos los premios en mi país de origen… pero económicamente no me dejó nada. Yo me pregunto: ¿Quién va a educar a los pueblos? ¿Quién va a llenar el vacío que deja la educación formal? De esa forma aprendí que tenía que educar sin que la gente se diera cuenta; por eso hablo de chaca-chaca, de tripita, soledad vaginal… y riéndose la gente se educa y ve la sexualidad con normalidad, aprende a vivir, a ser padre, esposo, madre, hermana… Aunque tú no lo creas, eso es parte de la educación sexual. Toda información científica en relación a la pareja y la familia, es también educación sexual.

Nos educan para una carrera, pero no para la vida… estamos viendo las consecuencias de este tipo de educación. ¿Dónde quedaron la honradez, los valores, la solidaridad, la amistad, el respeto? El sexo guiado de forma científica es una necesidad en estos tiempos de tantas infecciones de transmisión sexual y embarazos entre adolescentes. Lo que no tiene cabida es la agresividad. Quisiera que la agresividad en los medios de comunicación se regularizara, ¿pero cuándo sucederá tal cosa? No estoy hablando de censura —cosa que odio—, estoy hablando de formación, de decisiones de expertos, no de improvisados. Los empresarios y los gobiernos tienen la última

palabra, y si no, nosotros debemos exigir que nos den algo mejor, que no dañen a nuestros hijos, que baje la agresividad. Mientras, yo trato de educar a los padres. ¿Me lo permitirán esta vez los recalcitrantes, mojigatos y beatos, que no obstante patrocinan agresividad y sexo mal guiado? No es cierto que el mundo esté lleno de estúpidos que sólo ven basura en la televisión. El mejor ejemplo es Juan Luis Guerra y lo que hizo con la bachata, el merengue en República Dominicana y en el mundo. Se puede dar calidad, denunciar problemas sociales, entretener y hasta oír poesía mientras se baila. Debemos apagar la televisión, dejar de ver ese medio cada vez que nos den basura.

Pero para que no rompas en llanto, hay un poco de luz al final del túnel: la familia sigue siendo la que más influye en los hijos; cuídala. O sea, que si un niño crece en una familia funcional, donde se respetan los valores, los padres son un buen ejemplo, la comunicación es clara, se educa sexualmente, se habla de sexo con naturalidad y como algo ligado a las emociones y al respeto por el otro, se enseña con el ejemplo a dirimir los conflictos hablando, no agrediendo, etc., tendremos niños funcionales y, por ende, un futuro mejor para todos.

¡Que Dios te bendiga!

Querida Nancy:

Estoy muy preocupada, tengo una niña de ocho años y me dice a cada rato que quiere tener un novio. Le gusta mucho un niño en la escuela. Me dice, "¿Mami, a qué edad es que podré tener un novio? Tengo un amigo en mi escuela y me preguntó si quería ser su novia, no sé qué le digo. Dime, mami, ¡qué hago!".

Nancy, yo me quedé paralizada y muda. Es muy pequeña para pensar en eso. Ella insistió y le dije que te iba a preguntar a ti qué hacer. Ella te ve en la televisión y le gusta mucho tu programa, se ríe cantidad cuando sacas a los que se portan mal y hasta me bota el control en la basura a cada rato. Todos los días me dice que si te escribí, que le diga qué hacer. No quiero pensar que su papá la oiga; es muy celoso con ella, nuestra única hija. Por favor contéstame pronto. He buscado en libros y en Internet y no encuentro nada que me oriente. Gracias de antemano.

Madre con Niña Que Quiere Novio

Querida Madre con Niña Que Quiere Novio:

Los padres generalmente nos desconcertamos cuando un hijo pequeño nos habla de tener "novio" o "novia". ¿Qué hacer? Existen varias posturas. Están los que fomentan esto y lo toman a juego... pero no es un juego. Lo triste del caso es que

la actitud paterna varía si es un hombrecito o una mujercita quien pregunta... De nuevo, el machismo nos moldea. Cualquier relación, no importa el sexo, envuelve responsabilidad, y es en esa edad que comienza este aprendizaje: es parte importante de una buena educación sexual.

La actitud extrema de algunos padres, según la cual "no se puede hablar de eso porque es malo", también es muy dañina. Si algo podemos hacer por la educación sexual de nuestros hijos es hablar libremente de todos esos temas con ellos. Si no hablamos de esto con ellos ahora, ¿creen ustedes que le preguntarán después? Los adultos tenemos que cuidar de no trasmitirles a los niños miedos y tabúes en cuanto a la sexualidad.

Y quizás lo más negativo sea fomentar que el varón tenga muchas novias, mientras prohibimos a la hembra mencionar eso. Esta forma de crianza es la causa de muchos divorcios y problemas en los adultos.

Si nuestros niños nos hablan de novios, debemos decirles que a esa edad ellos lo que deben tener son amigos, pero que cuando sean grandes van a tener un solo novio/novia, que eso será algo muy hermoso, pero que implica responsabilidad porque

no se debe jugar con los sentimientos ajenos. También deben saber que por esa persona sentirán gran atracción sexual, y que eso es normal, pero que también son responsables de su actividad sexual. Tanto el hombre como la mujer son responsables por un embarazo no deseado. Hay que aprovechar estos momentos para comunicarles a nuestros hijos la importancia que tiene crear un vínculo de afecto cuya base sea el respeto, y destacar que todos tenemos los mismos derechos independientemente de nuestro sexo. Todo esto se explicará de acuerdo con la edad de cada niño o preadolescente. Y quizás lo más importante de todo: enseñamos con el ejemplo; nuestra actitud hacia el sexo y las relaciones hombre-mujer son lo que nuestros hijos copiarán. ¿Les da usted un buen ejemplo a sus hijos? Necesita usted educación sexual para poder impartirla. Casi siempre queremos enseñar lo que no practicamos; desafortunadamente, eso no funciona.

La felicito por su actitud abierta y por reconocer que va a preguntar porque no sabe. Eso fomenta una comunicación excelente con su hija, y le enseña que no siempre lo sabemos todo y que está bien preguntar.

¡Dios la bendiga!

Queridísima Nancy:

Tengo una niña de seis años, y en tres ocasiones la he encontrado besándose en la boca con amiguitas de su edad. Ella, al verme, se asusta, claro está. En el momento yo manejo la situación calmadamente, pero luego le explico que eso no debe hacerse y que las hembras sólo se besan con los varones. Ella dice que lo entiende, pero, al parecer, lo sigue haciendo. Ahora temo dejarla sola con las primitas y amiguitas.

Este fin de semana estuvimos de paseo en una casa en la playa con una amiga, y pasó lo mismo con la niñita de mi amiga que tiene siete años. Dormíamos la siesta y las niñas veían televisión, y al yo sentir el silencio fui callada y las sorprendí. De inmediato avisé a mi amiga lo que había pasado. Las niñas se excusaron diciendo que estaban jugando. La mía no dijo ni una palabra. Yo lo había advertido las veces anteriores que no debía hacerlo, y la amiguita expresó que ella le dijo "vamos a besarnos". Mi amiga dice que es identificación de los sexos y que no es nada. Yo que sé que esto ha pasado antes, temo que sea el inicio de una conducta de lesbianismo. Además la he sorprendido masturbándose, tocándose, y eso también me preocupa. La he puesto de castigo y le digo que eso no se hace. La muchacha que la cuida me ha dicho que ella también la ha encontrado masturbándose; esto me tiene muy ansiosa. Aunque creo que exagero, no quiero descuidarme para que luego las circunstancias no me sorprendan.

¿Qué crees? ¿Debo preocuparme o es una conducta normal de la edad?

Madre Sumamente Preocupada

Querida Madre Sumamente Preocupada:

Los juegos sexuales son parte del desarrollo sexual normal de su hija, y hay que diferenciarlos de los abusos sexuales. Si los niños que participan en los juegos son más o menos de la misma edad, deben considerarse juegos sexuales y no debe asustarse, ya que esa actitud hace más daño que bien a la niña.

Insisto en la importancia de la edad para poder determinar si se trata de abuso sexual. De acuerdo con varios sexólogos, el consentimiento es dudoso cuando el menor de edad tiene quince años o menos y la otra persona diecinueve o más, o cuando hay una diferencia de cinco años o más entre la persona mayor y la víctima. El abuso sexual es un crimen, debe evitarse o detenerse si está ocurriendo, ya que es dañino para el sano desarrollo afectivo y sexual del niño y tiene terribles consecuencias en su salud sexual y emocional.

Lo preocupante es que su hija ya "recibió" el mensaje que usted le envió: eso es malo. Ese mensaje le prohíbe hablar de sexo con usted, además de hacerla sentir culpable. Cabe la posibilidad de que alguien esté sobreestimulando a la niña, la

esté tocando, acariciando, con un fuerte contenido sexual; o quizás vea las terribles telenovelas y simplemente está repitiendo lo que ve. Hay que educarlos, sin asustarlos. Las conductas exageradas que los lleven a sentirse culpables son la causa de futuras disfunciones sexuales.

Es normal que los niños se masturben; lo que me preocupa es la actitud suya; si se siente desesperada, es porque en el fondo rechaza esa conducta y le da vergüenza. Masturbarse no trae ningún problema, es parte del desarrollo sexual sano, pero debe hacerse en privado.

Le recomiendo desviar la atención de la niña de forma natural, pararse y llevarla a jugar, decirle que lo puede hacer en privado, como hace pipi o pupú... y por último, esté atenta a ver si ella está siendo abusada sexualmente o si está viendo a alguien haciendo el amor. Muchos niños víctimas de abuso se sobreexcitan y se masturban compulsivamente. Otra posibilidad es que tenga una infección y que ésta le produzca picazón, y al rascarse se excite y termine masturbándose. Por último, si la niña está viviendo situaciones que la tienen muy tensa, masturbarse es una forma de manejar la ansiedad. Si a pesar de insistirle que lo

puede hacer en privado y de tratar de desviarle la atención, la niña continúa masturbándose en público, le recomiendo que busque ayuda profesional de un buen sexólogo y terapeuta infantil. Siempre existen sitios donde este servicio es muy barato; por ejemplo, algunas iglesias y universidades. Recuerde: Mantenga la calma y jamás le diga que eso es malo.

En cuanto a su miedo de que su pequeña sea lesbiana, deseo informarle que ningún niño es homosexual. Es en la adolescencia que los seres humanos definen su orientación sexual, aunque lo que los lleva a ser heterosexuales u homosexuales tiene mucho que ver con lo que pasa en su vida en los primeros años: en su relación con los padres, en la familia en que se desarrollan, etcétera. Antes de la adolescencia no podemos afirmar que un niño sea heterosexual u homosexual. Lea más sobre sexualidad, trate de restaurar la confianza entre usted y su hija, para eso debe ver el sexo con más normalidad: o lo que es lo mismo, necesita educarse sexualmente. Como siempre digo, no podemos dar lo que no tenemos.

¡Que la Fuerza la acompañe!

Querida Nancy:

He leído que es bueno bañarse con los niños, pero mi mamá se escandalizó cuando se lo dije. Ella cree que eso es malo para el niño, mientras mi esposo piensa como yo. El cuerpo es bello y no hay nada malo en enseñarlo. Nuestros hijos son pequeños y nos bañamos con ellos, aunque mi mamá proteste y diga que eso está mal, pero me gustaría oír una opinión más autorizada, como la suya.

Gracias,

Mamá en Duda

Querida Mamá en Duda:

Alrededor de los tres años los niños comienzan a preguntarse por qué su hermanita no tiene pene y la hermanita quiere saber por qué su hermano tiene algo que ella no tiene. Es bueno, si los padres no se sienten mal, bañarse con los niños pequeños, con dos salvedades:

Los niños se sienten un tanto inferiores al comparar sus genitales con los de sus padres, por eso es bueno aclararles que cuando ellos sean grandes, tendrán genitales como papá o mamá, dependiendo del sexo del niño. Las niñas pueden sentirse menos que los niños al ver que ellos tienen pene y ellas no. Hay que explicarles que

cuando crezcan van a poder tener bebés, y los varones no, porque ellas tienen una bolsita dentro de su abdomen que se llama útero.

Muchos sexólogos no estamos de acuerdo con que los padres se bañen con adolescentes o niños más grandes. Ellos mismos comienzan a sentirse mal y se tapan. Eso es normal, es parte del desarrollo sexual y debe respetarse; al igual que un padre que no le guste bañarse con su hijo no debe sentirse obligado a hacerlo pues lo que le transmitirá son sus tabúes y su sensación de vergüenza, y ésa es muy mala educación sexual. Lo mejor es ver el sexo con naturalidad, pero hay que respetar las fronteras, sobre todo en niños adolescentes o preadolescentes; éstos tienen las hormonas en ebullición y no necesitan estimulación: ¡la tienen de más!

Querida doctora:

Me estoy volviendo loca: mi única hija, de apenas cinco años, se masturba aun delante de mí y de su niñera. Tengo miedo de que se convierta en una enferma sexual. Nunca había oído que las niñas tan pequeñas se masturbaran; por eso mi desesperación. No sé qué hacer. A veces le peleo, a veces le hablo para que no lo siga haciendo. En ocasiones trato de entretenerla para que ella deje de hacerlo. No entiendo cómo esta niña puede hacer eso. Me siento desesperada; a veces pienso que voy a perder la cabeza. ¡Por Dios, ayúdeme!

Madre Desesperada

Querida Madre Desesperada:

Comprendo cómo se siente, pero debe calmarse. Lo que hace su niña es común en todas las edades, y es normal. Cuando alguien se masturba con mucha frecuencia, sea niño o adulto, casi siempre lo que está haciendo es disminuyendo su ansiedad. No me dice la frecuencia con que la niña hace esto. Tampoco sé qué puede estar sucediendo en su casa, en la escuela, etc., que cause tal ansiedad en la niña.

Como regla de oro: no le diga que eso es malo. Mantenga la calma. Lo que más me preocupa es su actitud ante esta

situación; eso sí puede crearle problemas en el futuro a su hija, afectarle su vida sexual. A los niños les hace mucho daño el mensaje de que el sexo es malo, feo, prohibido.

Debe hablar con la niñera para que tome la misma actitud. Cuando lo haga delante de usted, como sé por su carta que se siente mal, desvíe la atención de la niña hacia otra cosa o váyase a otro sitio y déjela sola. Comuníquele que esto se hace en privado, como cuando va al baño.

Busque ayuda de un buen terapeuta sexual, preferiblemente que sea también terapista familiar, pues casi siempre el problema es de pareja o de familia, y no un problema sexual. ¡Y lo más importante de todo es no creer que su hija va a tener problemas sexuales o psicológicos por esto! Todas las mujeres con problemas de frigidez (disfunción orgásmica) que vienen a mi consultorio no se masturbaron nunca. Esto confirma los estudios estadísticos.

¡Que el Señor le dé luz!

Hola Nancy:

Soy madre de varios niños, y estoy muy preocupada porque no sé cómo hablarles de educación sexual. La oigo en el programa decir que hay que hablarles de eso, y por eso me decidí a escribirle para hacerle una pregunta. ¿Cómo debo comenzar a educar sexualmente a mis hijos que son bien pequeños?

Madre Confundida

Querida Madre Confundida:

Los primeros años de la niñez son críticos desde el punto de vista sexual. Durante ese período se crean las bases para una respuesta sexual sana y se desarrollan actitudes que son esenciales para el funcionamiento sexual en la edad adulta. Tenemos mucho que aprender en el área de la sexualidad, pero si en algo existe un consenso entre los sexólogos, es en que transmitirles miedos y tabúes sobre la sexualidad durante los primeros años de vida es una de las cosas más dañinas que se puede hacer. La educación sexual en la niñez se basa en las actitudes conscientes e inconscientes de los adultos en el hogar, y que influyen en su vida.

Si queremos niños educados efectivamente en el área de la sexualidad,

debemos educar primero o conjuntamente a los padres, maestros, etcétera. Somos nosotros los que sin querer les transmitimos a nuestros hijos los temores y prejuicios que tenemos sobre la sexualidad, aun sin hablar de sexo con ellos. Para muchos padres, la educación sexual es sólo información sexual, o sea: cómo es el proceso de la menstruación, qué es la vulva, cómo entra el esperma en la vagina, etcétera. Esa información la puede encontrar el niño fácilmente en cualquier libro, y es sólo eso: información sexual. La información necesaria se puede adquirir de manera fácil, siempre que no existan bloqueos emocionales que lo impidan. De ahí la importancia de no inculcar temores y ansiedades durante los primeros años. Lo que hay que evitar a toda costa son los sentimientos negativos profundamente arraigados. Si algo hay que comunicar al niño es la aceptación del sexo como un elemento importante de las relaciones humanas, que el sexo es algo natural y hermoso. ¿Es así como usted lo está haciendo? El espacio no me permite decirle más. ¡Suerte!

Hola doctora:

Le escribo porque necesito que usted me oriente. Resulta que mi sobrinito de diez años está jugando al papá y a la mamá con sus hermanitas de dos, siete y ocho años de edad y una primita de once años. Ha besado en la boca a las tres hermanitas, y a la más pequeña le penetró el pene por la nalguita y ella ha sentido mucho dolor. Lo puse de castigo. No sé si es correcto o si necesita un psicólogo.

Tía Desesperada

Querida Tía Desesperada:

Es muy importante diferenciar abusos sexuales de juegos sexuales. Lo que hizo su sobrinito con sus hermanitas y primita de siete, ocho y once años es un juego sexual normal, pero lo que hizo con su hermanita de dos años es abuso sexual, pues hay una diferencia de edad de ocho años entre ellos. Recuerde que una diferencia de cinco años en la edad de los participantes se considera abuso sexual. Hago hincapié en esto porque mucha gente considera como abuso sexual a los juegos sexuales, y esto hace daño a los niños en su desarrollo sexual. Me explico: un muchacho de diez años no ve el sexo como lo hace una niña de dos años. El pene de un niño de catorce años no es igual al de uno

de tres años, etcétera. Pero lo más importante es que una niña de dos años no puede defenderse de un niño de diez; su desarrollo sexual se encuentra en una etapa muy diferente, y esto puede afectarle en su vida sexual y emocional futura. En el juego sexual, dos niños de más o menos la misma edad se tocan, reconocen su cuerpo, imitan cosas que ven en la televisión. Como todo juego que intenta desarrollar destrezas para vivir en el mundo adulto, se trata de lo mismo, pero con la sexualidad. Eso es distinto cuando hay más de cinco años de diferencia en la edad de los niños participantes. En ese caso, el niño menor no tiene fuerza para defenderse, no puede entender por qué es vejado, humillado y obligado a hacer algo que en el fondo no quiere y no entiende. Se considera que el niño mayor es un abusador porque le lleva mucha edad al menor, y su desarrollo sexual es mucho más avanzado. En caso de penetración, las proporciones de sus genitales pueden causar daño serio al niño menor, incluso hemorragias que pueden conducir a la muerte. El daño psicológico es incalculable y para toda la vida: el niño es invadido en sus fronteras, tanto físicas como emocionales, y se siente usado, sucio y culpable. Los niños tien-

den a creer que todo lo que pasa a su alrededor es por culpa de ellos, y si llegan a sentir placer, se sentirán culpables. Casi siempre el abusador los amenaza y les dice que no deben decir nada a nadie. Al no poder expresar todo este dolor, confusión, culpa, etc., el niño es de nuevo traumatizado, ya que el poder expresar lo que siente es lo que hace que la terapia funcione; es el comienzo de toda sanación.

Abuso, en general, es usar nuestra fuerza física, conocimientos, dinero o poder contra alguien que no puede defenderse por estar en desventaja en cualquiera de estos campos.

Tanto la persona que abusa como la que es víctima de abuso necesitan ayuda especializada. Por tanto, su sobrino de diez años necesita ayuda y la niña de dos años también, ya que fue víctima de abuso. Mientras tanto no deje a la niña sola. Hable con los padres, ya que ellos no deben estar ajenos a esta situación. Busque ayuda profesional urgentemente.

¡Suerte, la va a necesitar!

Cuándo disciplinar a los niños

Querida Nancy:

Soy una mujer profesional, exitosa, que trabaja, y he llegado a una posición bastante alta y tengo dos hijos pequeños. Necesito su consejo sobre lo siguiente. Mi hijo de dos años se resiste a ir al baño; ya he tratado de todas formas (sin aplicar la fuerza) pero sin resultado alguno. Todavía el no habla bien, pero creo que sabe lo que quiere; de todas formas, llora, grita y patalea, y no sé que hacer. ¿Debería castigarlo?

Una Lectora Admiradora

Querida Lectora Admiradora:

Ha hecho bien: aplicar la fuerza puede complicar muchísimo las cosas. No debe castigar al niño bajo ningún concepto. Puede ser que tenga miedo: muchos niños temen al inodoro. Llévelo al paso, hable con él, explíquele lo que es un inodoro, por qué no debe evacuar fuera (las infecciones, los microbios, etc.). Enseñar a un niño a ir al baño solo y ayudarlo a controlar sus esfínteres requiere mucha paciencia, y es muy importante evitar el uso de la fuerza. Recuerde que los niños tienen una mente mágica, viven en un mundo al que los adultos no tienen acceso. Su conducta puede indicar muchas cosas: quizás tenga

miedo, no se siente listo y no sabe comunicarlo. En los niños, los gritos, la resistencia, el pataleo, pueden ser la forma de expresar algo. Los padres deben observarlos y evaluarlos antes de endurecer su actitud o castigarlos. Si su niño tuviera más de dos años, otro gallo cantaría; por su edad, hay que ir con calma. Hay que enseñarlo a controlar los esfínteres sin presión, hacer que este aprendizaje sea algo agradable; de otra forma podría acarrearle problemas en el futuro. Si sigue estas recomendaciones y el niño aún tiene miedo, debe llevarlo a un psicólogo infantil.

No pierda de vista que quizás esté pasando poco tiempo con él: las mujeres exitosas pagamos muy caro nuestra "osadía" en esta sociedad; como no contamos con apoyo en la casa, tenemos mucha presión. Ser madre, esposa, ama de casa y exitosa en el trabajo... es más difícil que ser presidente de Estados Unidos (por lo menos los presidentes tienen asesores y secretarias). Nosotras por lo general ni siquiera tenemos buenas nanas, y los sitios donde cuidan niños suelen ser desastrosos. En la mayoría de los países no existen guarderías en los sitios de trabajo (algo que debería ser ley en las empresas donde trabajan mujeres y

padres de familias), por lo que tener un niño bien cuidado mientras trabajamos puede ser la tarea más difícil a la que nos enfrentemos, sin embargo, es la más importante. El nivel de avance y crecimiento humano de una sociedad se puede medir por la calidad del cuidado de los niños y ancianos.

No olvide "los terribles dos". Así llamamos los psicólogos a la etapa de los dos años de edad en los niños, cuando se tornan muy agresivos y difíciles. También puede estar molesto por su ausencia, y le está "pasando la factura". Lea sobre psicología infantil y las etapas por las que pasan los niños: saber siempre ayuda y da seguridad.

Suerte, la va a necesitar... cada hijo es una aventura.

Hola, Nancy:

Tengo tres niños, mi casa es un infierno. Son desobedientes y malcriados. Se portan mal y sacan malas notas. Mi marido los apoya en todo y dice que yo soy la culpable, que no los sé criar, que peleo mucho y soy muy ruda con ellos. Pero él casi no para en la casa y no sabe lo que es luchar con esos niños todo el día. Yo no estoy trabajando y mi vida es sólo para ellos.

Además, si yo no los educara sería peor porque él no les dice nada; ellos pueden acabar el mundo delante de él y él se queda de lo más tranquilo. No deseo hacerles daño, a veces dudo… ¿Será verdad que estoy actuando mal? ¿Tendrá él la razón? ¿Qué puedo hacer?

Doctora, no se imagina cuánto le agradecería que me contestara; no encuentro qué hacer en este momento; estoy desesperada.

Minerva

Amiga Minerva:

Entiendo perfectamente cómo se siente. Nadie nos educa para la tarea más importante que desempeñamos en la vida. Ser padres es la tarea más difícil que puede realizar un ser humano. ¿Quién nos prepara para esto? Por tanto, no se sienta mal. La culpa es un sentimiento que debe usar sólo para darse cuenta de que debe actuar de otra manera y buscar información. Voy a darle algunas

recomendaciones sobre disciplina en los niños, pero es de suma importancia que su esposo y usted se pongan de acuerdo en relación a cómo educar a los niños. Nunca se desautoricen uno al otro, al menos delante de ellos. Si esto se les hace imposible, deben buscar ayuda con un buen terapeuta familiar. Cuando un padre desautoriza al otro delante del niño, diciéndole 'no le hagas caso a tu papá', o 'tu mamá es una estúpida', el niño simplemente no sabe a quién obedecer y pesca en río revuelto: no obedece a nadie, y ahí comienza el caos.

Lean sobre educación de los niños y, por último, no olviden lo siguiente:

- Denle amor a sus hijos.

- Escúchenlos y compréndanlos.

- Fomenten la responsabilidad.

- Den buen ejemplo.

- Eviten decir constantemente no a todo lo que el niño quiera, pero una vez que digan no, manténganlo. Explíquenle por qué le dicen que no. No importa la edad que tenga, díganselo.

- Eviten amenazar, criticar y regañar constantemente.

- Las peleas no ayudan, por el contrario, generan más agresividad.

- Si castigan al niño, explíquenle la razón de forma clara y directa.

- Si lo van a castigar, háganlo en privado, nunca delante de los amiguitos.

El éxito en la crianza de los hijos e hijas, como cualquier otra actividad, requiere de una preparación. Son necesarias ciertas condiciones mínimas en actitudes, conocimientos, habilidades y valores. Ser padre es la profesión más importante de este planeta.

Leonardo Romero, en su libro *Construyendo buen trato*, hace suya una frase de Gonzalo Gallo y afirma que criar hijos e hijas es como llevar un jabón mojado en las manos. Si se aprieta muy fuerte, el jabón se escapa, y si se abren las manos, el jabón resbala. Los hijos e hijas son como un jabón a quienes no hay que apretar mucho, pero tampoco soltarles, porque en ambos casos se pueden escapar.

¡Busque más información sobre disciplina en los niños!

Que el señor la guíe.

Apreciada doctora:

Estoy muy triste porque tengo dos hijos y están en el mismo colegio. Uno es brillante, saca buenas calificaciones y se porta bien. El otro es un desastre. Es mal estudiante, tímido, callado y a veces agresivo. Dice que tenemos preferencia por su hermano, pero no es cierto; lo que pasa es que su hermano no nos da ningún tipo de problema como él, y por eso no tenemos que llamarle la atención. Con él tenemos que vivir el día entero corrigiéndole y mandándolo a hacer la tarea: es una pelea constante, por eso dice que tenemos preferencia, pero no es cierto. Estoy preocupada, no sé cómo tratarlo ni que hacer.

Madre Confundida

Madre Confundida:

Primero, le recomiendo una buena evaluación psicológica para saber si su hijo tiene algún trastorno de aprendizaje o su coeficiente de inteligencia es un tanto bajo. De antemano sé que existen desajustes emocionales. No es fácil ser hermano de una persona tan brillante. Sería de mucha ayuda recibir terapia familiar, porque lo que sí es difícil es criar a dos hermanos tan diferentes sin dañar al que no es tan beneficiado por la vida.

En cuanto a cómo tratarlo, por favor dele mucho amor, mucha comprensión,

nunca lo compare con su hermano, y déjelo ser como es. Nadie tiene dos hijos iguales. Debemos amarlos con sus semejanzas y diferencias. Las calificaciones son importantes, pero la seguridad en sí mismo y el equilibrio emocional son la base del éxito y la felicidad futura. ¡Esas cosas sólo se logran cuando el niño se siente amado e importante tal como es! Cada ser humano es único e irrepetible, aunque sean hermanos. De hecho, comparar a una persona con otra se considera abuso psicológico porque daña la autoestima de ese ser humano, haciéndolo sentir menos que el otro. Podemos darles a nuestros hijos mucho dinero, educación, viajes, cosas materiales, pero sin estabilidad emocional, lo tirarán todo por la borda. En la vida existen cosas más importantes que ser brillante y tener el índice más alto de su escuela.

¡Qué Dios le dé sabiduría, la necesita!

Hola amiga:

Excúsame que te diga amiga, pero como entras a mi casa por la televisión todos los días, te considero mi amiga. Mi problema es con relación a mis dos hijas que viven peleando como perro y gato. Los pleitos son siempre porque una se pone la ropa de la otra o toma los CD, o todo lo de la otra.

Yo las eduqué para que compartieran todo, creo que me equivoqué. ¿Consideras que las hermanas deben pelearse por "sus pertenencias"? ¿No es eso egoísmo? ¿No es sano enseñarlas a compartir? Son hermanas y pienso que eso no debería existir entre ellas. ¡Por favor dime qué crees!

Madre Perdida

Querida Madre Perdida:

Estoy de acuerdo contigo en relación a que las hermanas deben compartir. No obstante, es sano tener en cuenta que también se debe respetar el espacio del otro, sus cosas, sus cartas, sus decisiones, etcétera. Si una de ellas no quiere prestar sus cosas, eso se debe respetar. Podrías hablar con ellas sobre ese tema, expresarles tu punto de vista, pero no obligarlas.

Otra cosa que debes tratar de hacer es no inmiscuirte en los pleitos de hermanas hasta que no haya sangre; esto lo aprendí de mi amiga y colega Silvia Im-

bert. Lo he practicado y me ha dado tremendo resultado. Es posible que exista algo de celos entre ellas, si opinas a favor de una o de otra, ¡más celosas se pondrán!

La relación con los hermanos nos sirve para aprender a negociar, a compartir, a ceder, etcétera. Cuando los padres interfieren, no pueden aprender esas destrezas tan importantes para su futuro. Déjalas que resuelvan ellas sus problemas, eso es lo mejor. Si aun así los pleitos continúan, busca ayuda con un terapista familiar.

Puedes llamarme amiga, no me importa, más bien me agrada.

Tu amiga Nancy

Hola, doctora:

Me estoy volviendo loca: mi hijo de apenas cuatro años no quiere comer. Le pego, le prometo cosas para que coma y últimamente sólo come cuando le digo que se lo va a llevar un hombre en un saco si sigue sin comer. Tengo miedo que se muera. ¿Qué hago?

Amiga Preocupada

Amiga Preocupada:

Ningún niño con comida se muere de hambre. Mientras más se preocupe, menos comerá. Pare de pegarle y de asustarle, eso sí que es peligroso. Así sólo logrará que coma menos cada vez. Hoy en día sabemos que obligar a un niño a comer puede desencadenar un trastorno alimenticio como anorexia o bulimia. Recuerde que usted y su hijo se separaron en el momento del parto, creo que ese pequeño detalle se le olvidó.

Déjelo que coma cuando él quiera, pero siéntelo a la mesa, sírvale. Debe quedarse con ustedes en la mesa, aunque no coma. Tampoco le dé dulces, ni nada de picar hasta que no se coma su comida. Explíquele que no es un castigo, que lo hace por su bien; háblele de por qué debe alimentarse, que si no lo hace se enferma,

no crece, etcétera. Coméntele a su pediatra lo que sucede para ver cómo le puede ayudar. Si aún sigue preocupada, busque ayuda profesional para usted. Los niños tienden a manipular, castigar o llamar la atención de los padres de esta manera. ¿Ha pensado que se está dejando manipular por un niño de cuatro años? Que su hijo coma o no coma, no la hará mejor mamá, ¿me entiende? Nunca podrá controlar, ni deberá tampoco intentar hacerlo, el hambre, el sueño, el deseo de nadie, mucho menos de su hijo. Pare de sobreproteger a su hijo

¡Qué Dios la bendiga!

Hola, Nancy:

Mi hija tiene un año y se mama el dedo. No sé qué hacer. Mi mamá me dice que se lo amarre, que le ponga algo amargo, que le pegue para que lo deje, pero no me atrevo. Me da mucha pena porque llora bastante cuando mi mamá intenta sacárselo de la boca. Dudo mucho que todo lo que mi mamá me dice que haga le ayude, además es muy pequeña. Contésteme por favor, se lo agradeceré en el alma.

Madre de Niña Mama Dedo

Querida Madre de Niña Mama Dedo:

Usted tiene toda la razón. Esa no es la mejor forma de quitarle el hábito a su hija. Además, está muy pequeña. Su dedo es un "sedante" para ella, es la forma en que deja salir su ansiedad y sus problemas. Deje que crezca. Si cuando tenga cerca de cinco años, aún se mama el dedo, trate de convencerla por las buenas. Le podrá explicar que así se infecta más fácil y por ende se enferma más, que su boquita y sus dientecitos se pueden poner feos, etcétera. En esto, al menos, no se lleve de su mamá. Ella aprendió a ser mamá con su mamá, la que hoy es su abuela, y ésta a su vez aprendió con su mamá, que es su tatarabuela; es decir, están más de doscientos años atrasadas. Ser papá y mamá

es ciencia hoy en día, o sea, ya se sabe qué se debe o no se debe hacer. Conozco personas que se han mamado el dedo hasta los treinta y dos años o más, claro que no debe esperar tanto para actuar. Si a los cinco años de edad sigue en eso y no puede lograr nada por las buenas, llévela a un buen psicólogo infantil.

¡Que la Fuerza la acompañe!

Abandono y sobreprotección

Hola, Dra. Nancy:

Tengo treinta años y soy madre soltera. No lo digo con gran orgullo, pero sí puedo decir que estoy orgullosa de ser madre y de mi retoño de dos años. Ella es una niña muy avispada, con muchas pilas, muy inteligente, habla muy claro, es cariñosa y divertida.

Cuando salí embarazada, su padre me dejó al enterarse. Éramos novios en ese entonces; yo, por descuido, quedé encinta. Él se desentendió de eso y luego, a los meses, me enteré que él era casado. Típico parece en estos tiempos, y nosotras las mujeres muchas veces somos un poco estúpidas, cuando teniendo las herramientas como para descubrir el asunto nos dejamos atontar por el amor y no miramos más allá de nuestras narices. El caso es que él no conoció a su hija, sin embargo, yo después de dar a luz esperé un tiempo prudencial, quizás pensando que él sabría más o menos cuándo yo daría a luz y de pronto se apareciera para darle el apellido a la niña, cosa que nunca sucedió. Yo le di mis apellidos, y de ahí en adelante todo ha sido felicidad. Es fuerte, obviamente, porque debo trabajar para mantenerla. Mi mamá se encarga mientras estoy trabajando, pero el resto del tiempo y los fines de semana son nuestros, de mi niña y míos. Compartimos mucho, y a pesar de que ella está pequeña, siente mi amor y yo siento el amor que ella me tiene; jugamos, nos divertimos. Todo mi mundo gira en su protección y su bienestar.

Yo también he requerido tiempo para mí y he encontrado una persona buena, de muy bonitos sentimientos, muy responsable. Respeta y quiere

a mi hija y ellos ya son muy buenos amigos, han creado una bonita relación, y puedo decir hoy por hoy, que me siento muy bien.

El padre de la niña no ha aparecido, pero muchas veces pienso que eso va a suceder en algún momento. No puedo dejar a un lado el hecho de que mi actual pareja no es el padre de mi niña y a él se lo he hecho saber. Creo que sería sano que ella supiera de dónde viene sin hablarle mal de su padre biológico, sólo explicándole de algún modo que él no está. He allí mi problema. Tengo mucho miedo de enfrentar eso, no sé cómo podría decirle a mi hija lo que sucedió, no quiero sembrar en ella ningún resentimiento que yo pueda tener, quizás hasta inconscientemente. Yo no quiero que ella se sienta triste pensando que su papá no la quiso y por eso él la dejó. No quiero que piense que es menos por no tener un papá biológico. Aunque no le ha faltado amor ni la imagen paterna (la de su abuelo y la de mi pareja), ninguno de ellos es su padre biológico. Quizás le esté dando mucha importancia al asunto, y sé que debo sanar mucho de lo que me pasó y que no he superado aún. Me preocupa ella, no quiero que se vea mayormente afectada. ¿Cómo puedo hacer? ¿Qué debo decir? ¿Es realmente sano decirle su origen o le hago entender que mi actual pareja llenará ese vacío? No sé cómo actuar y es un tema que me preocupa enormemente. Mi pareja me dice que debo recurrir a un psicólogo que me oriente, pero no sé si realmente ésa sea la solución, si es que yo no puedo manejarla.

Muchas gracias de antemano por su respuesta, le agradezco. Mil bendiciones.

Yolanda

Querida Yolanda:

El origen de un niño nunca se debe ocultar. La mentira no es buena, sobre todo cuando la decimos a las personas con las que compartimos por mucho tiempo, con las que vivimos, con las que tenemos un vínculo de amor. Cuando esa niña sepa la verdad sentirá mucha rabia porque fue engañada, y aun peor, no confiará en ustedes. Lo más triste en esos casos es que casi siempre le dice la verdad otra persona antes que usted, su papá o su pareja lo hagan, lo cual complica más las cosas.

Lo más importante es decirle desde ahora la verdad cuando hablen con ella, mientras la cambien o la bañen. Díganselo a las personas delante de ella y váyanselo explicando. ¿Cómo? Vamos a empezar por lo positivo, nunca le diga que su padre era un malandro que la engañó y la abandonó embarazada. Dígale que ella es muy dichosa porque todas las niñas tienen un papá y una mamá, pero que ella tiene tres. Que su papá biológico, el que puso una semillita en el cuerpo de usted de donde ella creció, es uno, y su padrastro y su abuelo son dos papás del corazón que la aman mucho, aun sin ser su padre biológico.

Como regla de oro, nunca le hable mal de su padre ni permita que alguien de la familia lo haga. Explíquele a sus familiares que no sólo heredamos lo biológico de nuestros padres, sino también lo psicológico. Si no podemos sentirnos orgullosos de nuestros padres, saber que fuimos importantes para ellos y amados incondicional-mente, seremos como una mesa a la que le falta una pata: cojos por la vida, con grandes vacíos emocionales. Si pregunta por él, dígale que ustedes rompieron, que ella no tiene la culpa y que no sabe dónde está. Decir que ella no tiene la culpa es sumamente importante, pues los niños pequeños siempre creen que son culpables de las cosas que pasan a su alrededor. Incluso, si un día le dijera que su papá es malo, dígale que no, que simplemente no sabe ser papá. Que ser un buen papá es algo muy difícil y la gente muchas veces no sabe cómo serlo.

Sólo conteste lo que le pregunte, no hable más para no equivocarse. Si tiene dudas ante una pregunta no conteste, diga que investigará sobre eso y luego se lo dirá. Pero debe investigar y con-testarle, porque los niños, una vez que preguntan algo, siguen "buscando" la respuesta. Lea sobre

cómo manejar a los niños después de un divorcio y sobre el abandono en los niños, que tristemente es lo que ha hecho este papá. Ahora le voy a pedir lo más difícil: tráguese su orgullo y trate de hacer contacto con el papá de la niña para que la conozca y la vea. Explíquele a su pareja que esto es necesario para la salud mental de la niña.

Definitivamente necesita un psicólogo infantil y familiar. A medida que su hija crezca vendrán más preguntas y debe estar preparada para responder sin mentirle, pero sin dañarla. También tiene que prepararse para trabajar con la niña pues el abandono marca profundamente a los seres humanos, y mucho más cuando quien nos abandona es uno de nuestros padres. Nadie puede sustituir a un padre. Lo básico para lograr eso es no hablar mal del padre, pero decir la verdad de acuerdo a la edad de la niña.

¡Que Dios la guíe!

Hola, Nancy:

Soy una joven de dieciocho años. Siento que me faltó calor de madre cuando era niña, pues ella se fue a vivir a Nueva York, y yo me quedé con una tía y mi papá. A los diecisiete años conocí a un joven, me enamoré y tuvimos relación con penetración. Esto se descubrió y nos obligaron a casarnos.

Duramos unos dos meses aparentemente felices, pero luego él se fue a Nueva York también y puso el divorcio. Hace un año que no sé de él, pero yo lo sigo queriendo. Pienso que la vida sólo me trae cosas malas, ya que nunca me sucede algo bueno. Vivo triste soñando con ser feliz.

¡Por favor oriénteme!

La Soñadora

Querida Soñadora:

Tienes mucha razón al decir que te faltó el calor de madre, nadie ni nada sustituye a un padre o a una madre. Yo sé que muchos padres se van del país sin sus hijos para "darles una mejor vida", pero yo digo: ¡será económicamente, porque eso es desastroso! Los seres humanos no sólo necesitamos comida y ropa, sobre todo necesitamos afecto, cuidado y apoyo.

Ojalá muchas madres y padres lean esto. Debes buscar ayuda de un buen terapeuta y

sanar esa "herida emocional". La falta o rechazo de uno de los padres destruye nuestra autoestima y eso afecta la elección de pareja y nos impulsa a buscar afecto fuera de nuestra de familia. Buscamos sexo antes de tiempo, tratando de encontrar afecto, o elegimos a "alguien" que nos ame.

No es "mujer fácil" una muchacha que sale embarazada o que cambia de novios constantemente. Esas muchachas andan buscando aceptación y afecto para llenar sus vacíos emocionales. Tú eres una huérfana emocional, al menos de tu madre. Toda ausencia prolongada de una madre es vivida por su hijo como un abandono. ¿Ves por qué no debemos juzgar fácilmente a nadie? Es normal que sueñes despierta, eso hacemos todos para huir de una realidad muy dura, pero deja de correr en tus sueños y hazle frente a tu herida emocional (el abandono de tu madre). Busca ayuda profesional y sánala. Como dice Bárbara De Angelis, amor = hogar: si viviste abandono en tu hogar, buscarás una y otra vez alguien que te abandone. Sana esas heridas y tus sueños serán realidad. Tú puedes, no lo dudes.

¡Que Dios te bendiga!

Estimada Nancy:

Tengo veintiséis años, soy madre soltera y tuve a mi hijo a los dieciocho. Él ahora va a cumplir ocho años de edad. Vivo en mi casa de soltera, o sea con mi familia. Mi madre murió hace tres años. En mi casa vivimos mis dos hermanos mayores, mi papá ahora, ya que se dejó de su esposa (mis padres se divorciaron hace dieciocho años). Uno de mis hermanos se casó y su esposa también vino a vivir a la casa, junto a mí y a mi hijo, o sea, somos una familia numerosa.

He sido una persona enferma y por esa razón no tengo un trabajo estable. Tengo que hacer todos los oficios de la casa cuando no tengo trabajo y estoy harta de esto. A veces he pensado en que sería mejor morirme y no sentir absolutamente nada. Suena trágico pero pienso en mi hijo, al cual adoro, pero con todo esto a veces pienso que él estaría mejor sin mí y además le estoy transmitiendo mi amargura, ya que no le presto toda la atención que él necesita y merece. Mis hermanos me critican, no me tratan bien, a veces pienso que soy adoptada.

De noche cuando duermo, lo abrazo, lo beso, le digo que lo quiero mucho, que él es lo más importante para mí. Pero le peleo mucho, le hablo fuerte, aunque yo soy la única que lo disciplina o por lo menos, se le pone fuerte, ya que todos los demás en la casa lo sobreprotegen. Esto me tiene desesperada porque sé que la sobreprotección le hace daño.

Gracias por su tiempo y comprensión, aunque no lo crea, con el solo hecho de escribirle me siento mucho mejor. Ojalá pueda contestarme porque de verdad no se qué hacer.

EF

Querida EF:

Vives una vida muy poco sana. Nadie crece ni se desarrolla en un ambiente de críticas e insultos. Vives en una familia muy disfuncional, o sea, una familia que no funciona, que no llena los objetivos para los que fue creada. Toda familia debe dar apoyo emocional a sus miembros. Es como un útero de contención; así como el útero cuida y mantiene calientito y alimentado al niño, así debe ser la familia para sus miembros: un colchón que nos acoge, nos deja dormir plácidamente en él, un espacio de amor y comprensión donde refugiarnos cuando todo va mal "allá afuera". Una familia funcional te ayuda a crecer y desarrollarte, te prepara para ser un ente positivo a la sociedad, fomenta la independencia, respeta tus diferencias, te guía y te pone límites, pero no muros infranqueables.

Es bueno que hables con tu padre, él tiene derecho a saber todo lo que pasa, cómo te sientes, lo que piensas, ¿acaso crees que no se da cuenta?

Sobreproteger, callar los sentimientos para luego insultar, criticar y maltratar, parece ser la norma, la regla de tu casa. Aprendieron eso desde pequeños y lo siguen repitiendo hasta el final. Ese ciclo diabólico es el que hay que romper.

Consentir a un niño en todo tiene serias consecuencias sobre éste. Permitirles a los adultos que lo consientan, a los abuelos, muchos de éstos llegando a desautorizar a los padres, incluso a levantarle castigos establecidos por los padres, luego de agredir normas y límites impuestos por éstos. Estas conductas provocan en el niño un desconocimiento de la autoridad, lo llevan a no respetar, a no valorar las normas y la disciplina establecida en la familia. Toda conducta aprendida por el niño en su hogar es llevada a todos los ambientes donde él se mueve: la escuela, su grupo de amigos, los clubes. Estos niños tienen serios problemas de adaptación ya que consideran que todo el mundo debe sobreprotegerlos.

La sobreprotección acaba con la voluntad del niño y lo vuelve inútil y dependiente. Lastima su autoconfianza, su autoestima y lo convierte en un ser inseguro; la sobreprotección incapacita al niño y al joven para la vida.

No es el ambiente más recomendable donde criar tu hijo; la sobreprotección causa mucho daño y debes tomar decisiones lo más pronto que puedas, por el bien de esa criatura.

¡Que el señor te acompañe!

El maltrato y sus graves consecuencias

Hola, Nancy:

Soy una madre de dos niños, siempre te veo en el programa y te oigo decir que no debemos pegarles a los niños. Yo pienso que se debe hacer, porque creo que los males que están pasando en el mundo de ahora con nuestros hijos es producto de que no le demos una pela cuando se portan mal. Pienso que sólo hablando es difícil que ellos entiendan.

A mí me criaron así, mis padres me pegaban y hoy yo se los agradezco, por eso soy una mujer de bien. Me gustaría saber las razones de por qué no debo pegarles.

Mamá Pegona

Querida Mamá Pegona:

Los males del mundo no tienen que ver con la ausencia de pelas sino con la ausencia de reglas y normas justas en los hogares y en la sociedad. Los males del mundo tienen que ver con la gran cantidad de familias disfuncionales, con la irresponsabilidad paterna y las grandes diferencias sociales que fomentan la delincuencia. Los males del mundo tienen que ver con políticos y empresarios corruptos, que en vez de servir a la sociedad, se sirven de ella.

Los males del mundo tienen que ver con nuestro afán de tener y el olvido del ser, con la ausencia de valores y, por último, con la falta de una verdadera educación: por la ignorancia.

Las pelas son una herencia de nuestras madres y abuelas. Nos pegaron y aprendimos que así era como se debían corregir los hijos. Todos los estudios modernos nos indican que las pelas no funcionan; su efectividad es sólo momentánea y se corre el peligro de terminar cometiendo abuso físico. Por lo general, le pegamos al niño cuando estamos muy molestos, perdemos el control y hacemos daño, no solo físicamente, sino también emocionalmente. En consecuencia, el niño se siente agredido, dolido, impotente y muchas cosas más, todas negativas. Esto puede dañar esa relación tan especial que debemos tener con nuestros hijos si queremos de verdad ayudarles, orientarles y comunicarnos con ellos.

Uno de los problemas más grandes que hay en el mundo entero es la agresividad, y yo le pregunto: ¿Qué le enseñamos al niño al pegarle? ¿Es una forma de resolver un problema? ¿Qué le indica nuestro ejemplo? Si todas las familias enseñaran a sus hijos a resolver los conflictos hablando, co-

municándose y respetando, el mundo cambiaría. ¡Dándoles pelas les enseñamos todo lo contrario!

Es preferible el retiro de privilegios. Por ejemplo no ver televisión por una hora, no montar bicicleta, etc. Lo ideal es que éste tenga relación con la falta cometida. El aislamiento, o sea, enviarlo a su cuarto, es otra cosa que se puede hacer. Siempre trate de que el castigo no sea por mucho tiempo, explíquele por qué se le castiga y nunca le diga que no lo quiere. Usted puede estar molesta con su conducta, pero lo sigue queriendo. Es fundamental aquí separar la conducta del ser humano. Cometemos muchos errores a lo largo de la vida, ésa es nuestra conducta, pero el ser humano, si es amado y comprendido, entiende que actuó mal y cambia. En resumen: no se le pega a los niños por varias razones, algunas fundamentales son:

1) Le enseña a los niños a dirimir las diferencias de forma agresiva.

2) Se rompe el vínculo de afecto y se cierran las posibilidades de una buena comunicación.

3) Es un abuso psicológico que deja secuelas de odio y rabia tragada, las cuales salen en la adultez en personas adictas a la rabia, impulsivas, etcétera.

4) El niño no respeta al padre, le teme, y en el fondo surge un odio-amor que perdurará en esa relación tan importante, haciéndola difícil de por vida, a menos que se trabaje en terapia.

5) Se rompe la confianza básica. ¿Cómo confiar en alguien que en vez de protegerme, siendo mi padre, me maltrata?

6) Se afecta negativamente la autoestima.

Éstos son sólo algunos de los efectos negativos. ¿Le parecen pocos?

Para terminar, siento decirle que pegarle a un niño es abuso físico y está penado por la ley en muchos países. Abuso físico es cuando alguien usa su fuerza física contra una persona que no se puede defender por ser más pequeño o por no tener la misma fuerza que quien lo agrede. Todo abuso físico es también abuso psicológico, ya que ese niño se siente humillado, maltratado, y esto afecta su autoestima. Esto encaja con la definición de abuso psicológico: todo aquello que afecte la autoestima de un ser humano.

¡Debe leer sobre educación infantil!

Que el Señor la guíe: lo necesita.

Dra. Nancy:

Una prima mía se casó con un señor que usaba drogas, abusaba de ella, la golpeaba. Ella tiene tres hijos de una unión anterior: dos varones y una hembra. Cuando ellos se casaron los niños tenían once, nueve y cinco años. El esposo la hizo drogadicta a ella y al hijo mayor. Es un señor enfermo sexual: se excita viendo a otras personas teniendo sexo y si no es así no tiene erección. El endrogó a mi prima y al hijo de ésta y los puso a tener relaciones sexuales, para él excitarse. Después de eso, el hijo intentó suicidarse dándose una sobredosis de droga. Él también violó a la hija menor de ella. Han pasado varios años desde que esto sucedió; hoy los muchachos ya crecieron, pero aún viven con ese degenerado. El hijo mayor sufre de depresión, el segundo tiene bulimia y la más pequeña tiene muchos novios a la vez. No obstante, mi prima sigue teniendo una relación con él como si nada hubiese sucedido, y dice que eso pasó porque ella ha sido una persona muy sufrida. Según ella, su primer esposo la maltrataba mucho y su madre no le daba afecto cuando ella era pequeña. La hija menor dice que ella ya lo perdonó porque él es su padre de crianza, ya que la crió desde que ella tenía cinco años, y que al menos le agradece eso. Insiste en que ella está bien y que no necesita ayuda. Cuando le pregunto por qué tiene tantos novios, baja la cabeza y no contesta.

¿Qué usted piensa que puedo hacer? Necesito que me dé su opinión, ya que me canso de hablarles y, como usted dice en la televisión, éstos son "sordos y ciegos selectivos".

Prima

Querida Prima:

Este caso tiene todos los posibles abusos juntos en una sola familia. Es escalofriante y espeluznante que en pleno siglo XXI exista tanto dolor, ignorancia y falta de apoyo a seres humanos en el mundo. Lo primero que existe es la negligencia de la madre con sus hijos y de la sociedad ante el abuso sexual, psicológico y físico a mujeres y a menores. Tanto la mamá como los hijos recibieron abuso de varios tipos. Incluso el segundo, aunque no haya sido tocado, si presenció toda esta barbaridad, fue también víctima de abuso. Existe abuso sexual cuando alguien que es cinco años mayor que el niño lo toca, lo obliga o lo convence de tener sexo, le muestra sus genitales, le dice palabras obscenas o le muestra revistas o películas pornográficas. O sea, que se puede abusar de un niño sexualmente aun sin tocarlo. El abuso sexual es un crimen porque trastorna el desarrollo sexual, emocional y psicológico de ese menor, y afectará casi todas las áreas de su vida cuando sea un adulto. En el caso del niño mayor el daño es aún más grave pues se suma el uso de drogas que dañan un cerebro que todavía no se ha desarrollado. Según los estudios, mien-

tras más temprano un niño comienza a consumir drogas, mayores son las posibilidades de que se convierta en un adicto a sustancias y más difícil será lograr que las deje.

El daño continúa, ya que cuando un hijo es obligado a tener sexo con su madre bajo los efectos de las drogas, pasamos a incesto, que es cuando alguno de los padres, o persona que lo sustituya emocionalmente, por ejemplo un padrastro o madrastra, tiene sexo con su hijo o hijastra. Este tipo de abuso es mucho más devastador para los implicados.

Ellos han sufrido de abuso emocional o psicológico, y todo lo que narra usted que les pasa actualmente son las terribles secuelas de los abusos. Tanto lo que dice su prima como la hija de ella es una negación de una realidad tan horrible, que de asumirla, las llevaría a suicidarse o a volverse locas. Toda esta gente está profundamente afectada y necesita ayuda profesional, o las consecuencias serán peores cada vez. Le digo esto porque no me da información de lo que pasa ahora respecto al consumo de drogas y el abuso. ¿Se mantiene aún? Es muy difícil que conductas tan disfuncionales se resuelvan sin ayuda. De ser así será aún peor, ya

que mientras más tiempo dure el abuso, peores serán las consecuencias en los que lo sufren.

Como usted ha intentado resolver la situación y ellos la niegan o la justifican (ceguera y sordera selectiva), tiene el deber de informar a la policía de lo que ocurre en esta familia; usted está siendo cómplice ante tanta barbaridad y abuso. Si su prima no quiere informar, hágalo usted. Yo me pregunto por qué este señor no está preso.

Esos muchachos necesitan ayuda urgente. La función de la sociedad es proteger a los menores; si un adulto tiene conocimiento de que se está cometiendo algún abuso y no hace nada, puede ser catalogado como cómplice.

Por otro lado, ese señor también merece ser tratado como una persona con serios desajustes emocionales. Si no recibe ayuda profesional es posible que repita el abuso.

¡Que la Fuerza la acompañe!

Estimada Nancy:

He visto varios programas y me preocupa mucho ver tanto niños y jóvenes metidos en hechos de violencia, incluso personas de buenas familias y buenos estudiantes. Yo como madre me siento temerosa porque mis niños están creciendo y me hago muchas preguntas. ¿Estamos educando bien a nuestros hijos? ¿Están las escuelas haciendo lo correcto? ¿Qué está pasando en nuestra sociedad? ¿Hasta qué punto somos responsables de todo esto? ¿No es esto un abuso llamado negligencia?

Por favor, dime lo que piensas al respecto. Quisiera educar a mis hijos para que mañana sean hijos buenos y no estén metidos en ningún problema.

Madre Angustiada

Querida Madre Angustiada:

Sí. La definición de negligencia es negarle al niño lo que necesita: medicina, cuidado, comida, educación, etc. Creo que en el mundo actual las instituciones, escuelas, gobiernos, familias, etc. cometen un abuso de negligencia contra los menores; sólo vea las noticias cada día y podrá comprobarlo.

Varias personas se me acercan y me hacen esas mismas preguntas. ¿Por qué jóvenes que vienen de familias estables y

"normales" tiene luego conductas tan negativas en la sociedad? Pongo normal entre comillas porque una familia puede tener miles de fallas y no saberlo. Esas fallas inciden en la conducta de sus hijos. Por ejemplo: algo muy común en nuestras familias es un padre fuerte y una madre débil y complaciente. Este tipo de "baile" en la pareja produce serios desajustes en la personalidad de los hijos. Padres que desautorizan a las madres, madres que desautorizan a los padres. Parejas que están juntas pero viven peleando o insultándose. Padres muy autoritarios, reglas muy rígidas o ausencia de reglas. Cosas tan sencillas como ésas son una bomba de tiempo.

Muchas madres se sienten en estado de pánico. ¿Y si mi hijo o hija está en algo parecido, que me asegura que lo estoy haciendo bien? Es indudable que esa pregunta se la están haciendo hoy muchos padres. ¿En qué fallamos como padres? Los profesores y directores de escuelas responsables se deberían estar haciendo la misma pregunta. Si le soy honesta, hasta yo me he preguntado cómo tantas tragedias han podido estar ocultas por mucho tiempo, cómo no se da cuenta nadie. ¡Es preocupante!

Lo triste es que muy pocos padres y educadores buscan información o ayuda. La tarea más difícil e importante que cualquier ser humano puede desempeñar es ser padre. Le sigue, en orden de importancia, maestro o director de una escuela o colegio. Eso da terror. No me canso de oír a "directores" y dizque "maestros" hablando de que la educación y los colegios son un negocio. En manos así está el futuro: manos no preparadas, muchas anticuadas y sin deseos de ponerse al día.

Vivimos en una sociedad de consumo llena de "seudoseres". Es decir, individuos que no son auténticos, y para quienes lo importante es lo que el otro siente, opina y dice de ellos. Los "seudoseres" sólo funcionan cuando el grupo los apoya, los aprueba. Sus creencias, opiniones y principios son elaborados "según piense el grupo que lo rodea". No se distinguen del montón de personas. Sólo pueden reducir su ansiedad con la aceptación, afirmación, aprobación y "solidaridad" de los demás. Viven "del qué dirán" y para "el qué dirán", no disfrutan su individualidad y esto les produce sentimientos de abandono y soledad.

Tenemos que fomentar que nuestros hijos sean lo que los psicólogos llamamos seres sólidos: hones-

tos con los demás y con ellos mismos. En los seres sólidos, sus creencias, opiniones y principios son los que rigen su vida. Actúan con coherencia y consistencia, viven según lo que predican y creen. Son las típicas personas que dicen, "Yo soy esto y esto es lo que haré o no haré". No importa lo que piensen los demás, tienen muy claro que "yo soy yo y tú eres tú"... o sea, no necesitan la aprobación de nadie para lo que piensan o creen. No obstante, no son dogmáticos, jamás creen tener la última palabra en nada. Se mantienen abiertos a las ideas y opiniones de los demás, las sopesan... y toman su decisión.

En resumen: No se traicionan a sí mismos, respetan y celebran las diferencias que pueden tener con los demás, asumen sus emociones y sus sentimientos sin necesidad de proyectarlos a los demás. Pueden ser solidarios, pero respetan el espacio del otro. Aman su individualidad, pero ésta no los hace sentirse abandonados ni solos.

En un mundo donde la gente piensa que "quien no está conmigo está contra mí", donde las personas y los grupos te quieren obligar a pensar y actuar según ellos lo desean, donde no se fomenta ni respeta la individualidad, la autenticidad... ¿Tenemos muchos seres sólidos?

Llevo años en la televisión y escribiendo y diciendo lo mismo: estamos criando hijos sin valores y descuidando el aspecto emocional y familiar. Fomentamos en nuestros hijos la competencia, la rivalidad y el consumismo. No sólo los padres, también los colegios y las escuelas. Sacar buenas calificaciones no es el punto más importante, tener un carro de lujo tampoco. Si nuestros hijos no tienen salud emocional, no se sienten amados e importantes, y no se valoran por lo que son como seres humanos y no por lo que tienen ellos o sus padres, hemos fracasado como padres, como maestros, directores de colegios, escuelas, etcétera.

Es hora de que todos nos empecemos a preocupar, de trabajar con las familias, de revisar lo que estamos ofreciendo bajo un paquete muy caro llamado educación. Es hora de sacar la cabeza del hoyo de donde la hemos metido, como el avestruz, para ignorar lo que nos rodea.

Acepto que ser padres es cada vez más difícil porque vivimos en un mundo cambiante e inhumano, donde subsistir es ya bastante cuesta arriba, pero no podemos pararnos a llorar o querer ignorar lo que está pasando.

Tenemos jóvenes que sólo hablan de Benetton®, Reebok® y Cartier®, mientras otros ven cómo sus hermanitos y ellos no comen; ambos están en mal camino. La desigualdad social, la ignorancia de lo que es una familia funcional, las creencias mal fundadas, los fanatismos, las apetencias económicas descontroladas y un ambiente de violencia que nos rodea por todas partes tienen la respuesta. ¿Qué hemos aportado como padres para que todo esto ocurra? Es triste aceptar que todos somos negligentes con la niñez del mundo. Ojalá que por lo menos no lo seamos con nuestros hijos.

Que Dios nos guíe.

Conclusión

En este caso, para muestra no basta un botón, como reza el dicho popular. Siento que apenas he tocado los puntos que más me preguntan sobre cómo educar a nuestros pequeños, y como siempre digo: aún falta el rabo por desollar. Es mucho lo que quisiera comunicarles. Los grandes problemas mundiales no son por la economía, ni por los políticos. Ambas cosas son las consecuencias de no haber educado correctamente a los que hoy ocupan posiciones de dirección en la sociedad y en el Gobierno. Si seguimos con más de lo mismo, el resultado final será que tendremos más de lo mismo. Hay que cambiar ya.

Cada padre o madre tiene una gran responsabilidad en sus manos: dejar a la sociedad seres que le aporten algo y que tengan los valores, la fortaleza, los principios y la estabilidad emocional para cambiarla. Nuestra sociedad se encuentra en crisis. Los seres humanos, que tienen hoy más información y tecnología que nunca, han llegado al espacio sin resolver lo más importante, sin llegar a lo más importante: a los seres humanos.

Seguimos atacando las consecuencias pudiendo actuar sobre las causas; las causas son más fáciles de atacar porque ya tenemos cómo hacer para resolverlo... pero no lo hacemos. Cada día me convenzo más de que el sentido común es el menos común de todos los sentidos. Con el diez por ciento de lo que se gasta combatiendo el narcotráfico podríamos evitar que las personas

se conviertan en adictas. Aquí sí se puede aplicar el adagio popular según el cual para muestra basta un botón.

Como no quiero dejarles un sabor amargo, les ofrezco un caramelo. ¿Esto le preocupa? ¿Lo quisiera cambiar? Comience a instruirse sobre el asunto; lea, busque, vaya a cursos, al psicólogo... lo que sea, menos permitirse fallar en lo más importante de su vida: educar bien a sus hijos.

Recomendaciones

Lo que más necesita un niño es amor. Si ellos se saben amados, respetados e importantes para sus seres queridos, sobre todo sus padres, ¡bingo!: ese niño no tendrá problemas emocionales serios. Usted debe estar pensando... ¿Respetado? Sí, respetado. Un niño debe tener la libertad de decir lo que siente, de sentir lo que siente, de decir lo que piensa, de pensar por sí mismo. Debe ser oído y nunca obligado a hacer nada que no quiera hacer, al menos que tenga que ver con su salud o sus estudios.

Un niño debe tener reglas, pero éstas tienen que ser flexibles. Los niños criados en cárceles, en ambientes rígidos e inhumanos, terminan mal. El niño necesita libertad para jugar, ensuciarse, comer con las manos, mojarse bajo la lluvia, caerse, levantarse: en fin, sentirse libre. Lo contrario no sólo afecta su estabilidad emocional, afecta hasta su respuesta sexual en el futuro.

Todo niño necesita una estructura; un niño sin reglas es tan preocupante como un niño "preso"

en un ambiente militar. El punto es ser firmes pero amorosos. Escucharlo y, de nuevo, respetarlo como si fuera un adulto. Ponerle espejos, que él siempre entienda el por qué de las cosas; por pequeños que sean, los niños siempre entienden lo que les rodea, son "esponjitas" que recogen todo del ambiente, lo que está sucediendo. Quizás no lo pueden poner en palabras, pero lo sienten, se afectan. Ponérselo en palabras, verbalizarles lo que sienten y no saben expresar es algo muy valioso.

Un hijo es una aventura, no hay dos iguales. Crecer junto a él (son nuestros maestros y nuestros más fuertes e implacables jueces) es uno de los regalos más importantes —quizás el más importante— que Dios y la vida nos concede. Disfrútelo: pronto se irá y sólo lo verá de vez en cuando.

CAPÍTULO IV

Adolescentes, esos seres que no comprendemos

Introducción

La adolescencia es el período durante el cual, como bien se dice popularmente, el niño adolece de características de adulto y de características de niño. Algunos autores sitúan la adolescencia entre los once y los dieciocho años de edad; para otros, termina a los veintiuno. Se denomina prea-dolescente al niño entre nueve y once años de edad. De hecho, muchas niñas tienen su primera menstruación a los ocho o nueve años. En fin, los niños se convierten en adultos jóvenes. Maduran social y físicamente, volviéndose sexualmente maduros y socialmente independientes. El ado-lescente define quién es y aprende a establecer relaciones íntimas con personas diferentes a los miembros de su familia.

La palabra "adolescencia" viene del latín adolescere, que significa crecer, desarrollarse. Durante esta etapa el individuo sufre muchos e importantes cambios. Las hormonas revolotean, empiezan los enamoramientos y la sexualidad tiene la apariencia de un huracán. Como siempre digo, el cuerpo está listo, pero no así el bolsillo ni

la mente. Ahí es donde la puerca aprieta el rabo y los padres entran en pánico, con sobrada razón.

Estos conceptos no existían antes y no había conciencia del daño que se le hacía a un niño o a un adolescente. De hecho, aún hoy en día hay muchos países donde las niñas son "comprometidas" a una edad muy temprana o se les extirpa el clítoris (lo que resulta en muerte en muchas ocasiones por las condiciones antihigiénicas en las que se realiza, aparte de la crueldad que implica).

Los efectos de la adolescencia varían según la persona, la familia, el país, la cultura y, también, de una generación a otra. Los adolescentes son producto de su época, contexto y cultura. Están influidos por su pasado y presente psicológico, sin olvidar además la influencia del ambiente físico.

El adolescente vive una vida emotiva oscilante, con tendencias contradictorias. Puede pasar de enérgico y muy activo a indiferente y desganado. Pasar de la euforia a la depresión, de la vanidad a la timidez, del egoísmo al altruismo idealista. Es un período de pureza y de tentación en el que desea la soledad pero al mismo tiempo necesita de grupos y amigos, que tienen gran influencia sobre

él. Puede ser dulce y muy cruel, frío y entusiasta. Desea encontrar ídolos pero rechaza la autoridad. En fin, vive un tremendo subibaja emocional.

Es una época muy preocupante para los padres que tienden a seguir tratando al adolescente como si fuera un niño, lo cual no sólo está reñido con la realidad sino que además no funciona. Esto da lugar a mucha agresividad y rebeldía... que puede tener consecuencias terribles, como embarazos en la adolescencia, hijos que caen en manos de pandillas, otros que se distancian de su familia. Todo esto origina serios conflictos familiares y sociales.

Algunos padres optan por dar libertad total a un "casi" niño que aún no sabe cómo manejarla. Esto puede conducir al uso y abuso de drogas, embarazos indeseados, infecciones de transmisión sexual, delincuencia, etc., entre otros conflictos y tragedias.

¿Qué hacer? ¿Cuál es el mejor camino en tan hermosa y difícil etapa de la vida, llena de peligros y descubrimientos, llena de idealismo y deseos de cambiar al mundo, llena de fuertes tentaciones y muchas confusiones? Aquí encontrará algunas respuestas.

Sexualidad y adolescencia

Querida Nancy:

Soy una adolescente de quince años. Tengo novio desde hace seis meses, y como es mucho mayor que yo (tiene veinticinco años) quiere que tengamos relaciones sexuales. Yo lo quiero, no deseo que se vaya con otra.

Me amenaza a cada rato con que me dejará si no tengo relaciones sexuales con él. Soy virgen y tengo miedo a quedar embarazada o sentirme mal después de hacerlo. No me atrevo a preguntarle nada a mi mamá. ¡Por favor ayúdeme!

Confundida

Amiga Confundida:

Nunca hagas nada que no deseas hacer, y mucho menos si lo haces sólo para complacer a otra persona. No es bueno para tu salud mental. Por lo mismo, una persona que realmente te ama no te obliga a tener relaciones sexuales. Eso es algo que se debe decidir entre los dos y sin presiones de ningún tipo. Todo esto sin tener en cuenta que tú eres una menor y él te lleva diez años; una relación sexual entre ustedes se consideraría abuso sexual, y él podría ir a parar a la cárcel. Creo que tu novio necesita crecer emocionalmente y aprender a respetar a los demás.

Las amenazas y las condiciones, tales como "yo te amo si..." no son sanas. Si una persona te ama y te respeta, espera a que estés lista; no abusa de ti, no te fuerza, no te obliga. ¡Piensa sobre esto; analízalo! Te siento muy insegura en cuanto a qué hacer, y con toda razón. Lo que recomendamos los sexólogos es que los jóvenes tengan sexo con penetración lo más tarde posible. Eres muy joven. Tu novio te lleva demasiados años y demasiada experiencia. Ése precisamente es el problema de tener novios a tan tierna edad y con personas tan mayores. Él está en otro estadio de su desarrollo sexual, muy por encima del tuyo; tiene experiencia sexual y es activo sexualmente. Por esa razón debe considerarte, debe esperar, lo cual dudo que haga. Si tienes sexo con él sin desearlo porque no quieres perderlo, las consecuencias pueden ser terribles: culpa, miedos, una primera experiencia sexual negativa. Todo esto sería muy dañino para tu sexualidad en el futuro. Además, debes tener en cuenta algo que sucede comúnmente en estos casos: que tan pronto tenga sexo contigo haga "pisa y corre" o, como digo yo, haga "mutis por el foro"; es decir, que te use y se vaya. No porque ya no serías virgen (ser virgen no

es perder el himen, sino no haber sido tocada... y ya eso pasó entre ustedes: besos, caricias, etc.) sino porque te deprimirás. Sufrirás una herida emocional, y eso sí toma tiempo para sanar y crea miedos a la hora de enamorarte otra vez, desconfianza hacia los hombres y mucha otras terribles consecuencias. Si por mano del diablo sales embarazada, si "metes la pata", las consecuencias ya no son sólo para ti sino también para un niño inocente, para tu familia, para tu futuro económico, emocional y profesional. Si eres sexualmente activa, puedes salir embarazada. Es importante que tengas en cuenta lo siguiente: una adolescente no está preparada para tener hijos, y las consecuencias físicas y psíquicas de un embarazo en la adolescencia son negativas. No tienes los medios económicos para mantener a un hijo, no tienes la madurez necesaria para ser madre, ni tu cuerpo está listo para serlo. ¿Debe una persona hacer algo si no puede asumir las consecuencias de sus actos con responsabilidad? ¿Se debe traer a un niño al mundo si no se le pueden brindar las condiciones necesarias para su desarrollo?

Si después de pensarlo decides tener relaciones con tu novio, busca la ayuda de un psicólogo

y sexólogo para que te oriente más y, sobre todo, evita salir embarazada. Realmente les sería de gran ayuda recibir educación sexual, porque tanto tú como tu novio la necesitan. Y en caso de tener relaciones, lo cual yo no te recomiendo ni creo que sea aceptable, no olvides las infecciones de transmisión sexual: exígele que siempre use condón. Recuerda: ¡Sin gorritos no hay cumpleaños!

¡Gracias por confiar en mí; ojalá pudieras hacer lo mismo con tu madre!

Hola Nancy:

Deseo saber si la masturbación es dañina y si tú crees que debe prohibirse, o si consideras que debe practicarse. También me intriga saber si las mujeres se masturban, ya que la mayoría dice que no lo hace.

Gracias

El Adolescente

Amigo Adolescente:

La masturbación no es dañina, no causa ningún problema físico, ni debilita, ni causa locura, como se solía decir antes. De hecho, casi todas las terapias sexuales comienzan con la masturbación.

La mayoría de las mujeres se masturba. Esto es muy importante para su respuesta sexual en el futuro. Los estudios indican que aquellas que no se masturban tienden a tener mayor incidencia de trastornos sexuales, tales como frigidez (disfunción orgásmica). Masturbarse es para el desarrollo sexual lo que calentar el brazo y las piernas es para el jugador de béisbol, o calentar el cuerpo en general es para la bailarina.

Un beso grande.

Querida Nancy:

Yo soy una joven de dieciséis años y he teni-do relaciones sexuales con cinco hombres dife-rentes en menos de tres meses. Quisiera saber si esto me podría traer consecuencias negativas en un futuro, al casarme o algo así. Por favor dime. Me siento mal por esto, porque tengo una hermana que es diferente a mí. Tengo como unos cinco meses que quiero salir embarazada y no puedo, ya que si salgo embarazada, mi vida puede cambiar.

La Enamoradiza

Querida Enamoradiza:

Claro que sí. Eres muy joven para estar sexualmente activa, y con tantos cambios de pareja te expones a infecciones de transmisión sexual, tales como herpes ge-nital, sida, virus del papiloma, etc. El sexo no es un juego, y tu conducta indica posi-bles desajustes emocionales. Debes buscar ayuda profesional.

Los adolescentes se encuentran en medio de un despertar sexual y tienen las hormonas alborotadas. Éste es uno de los principales conflictos de los adolescentes pues físicamen-te están preparados para ser sexualmente acti-vos, pero emocionalmente son aún inmaduros, y ni hablar del aspecto económico y laboral.

Los padres se preguntan qué hacer ante esta situación. Algunos padres de hijas adolescentes deciden "controlarlas más que nunca" por miedo a un embarazo no deseado. Otros las amenazan y les aclaran que no van a soportar "eso", que si algo así sucediera las pondrían de patitas en la calle.

¿Qué pasa con los varones? Espero que, debido al peligro de contraer sida, por lo menos les estén recomendando usar preservativos. Es un orgullo para los padres que su hijo sea un gran macho. El dicho popular así lo confirma, "Mis gallos están sueltos; amarre usted a sus gallinas".

Pero sucede que tanto el hombre como la mujer son responsables de un embarazo. Esa forma de criar a los hijos es una de las causas de la gran cantidad de padres irresponsables que hay hoy día en el mundo. El resultado es bien penoso: niños mendigos en la calle, padres ausentes, familias abandonadas a su suerte. Todo esto es el caldo de cultivo perfecto para los futuros delincuentes, drogadictos, violadores, etcétera.

Una vez más la comunicación efectiva es nuestra única salida. Un diálogo donde se respete el

punto de vista del adolescente, y se intente que ellos entiendan el nuestro. ¡Después de todo, es su vida; usted ya vivió la suya!

Los estudios indican que mientras más temprano comienza la educación sexual, más tarde comenzará la actividad sexual con coito. ¡Pero pretender que no van a tener novios o novias es imposible! Si adopta esa actitud sólo logrará que su hijo se aleje más de usted, cortando la comunicación o mintiéndole. ¿Cree que podrá ayudarle así? Siempre abogo porque se respete al niño, ¡y lo mismo rige para el adolescente! Él está buscando su propia identidad. Necesita libertad, pero controlada, dosificada y que se le trate con mucho tacto, amor y comprensión. ¡Es una etapa muy difícil!

¿Deben los adolescentes tener relaciones sexuales? Si me haces esa pregunta directamente, yo te diría que no. Quizás me entenderías mejor si yo te preguntara lo siguiente, ¿Debe una persona hacer algo si no puede asumir las consecuencias con responsabilidad? ¿Tienes derecho a traer un niño al mundo si no puedes brindarle las condiciones necesarias para su desarrollo?

Un adolescente no está preparado para tener hijos. No tiene los medios económicos para mantenerlo. No cuenta con la madurez necesaria para ser padre. Ni siquiera su cuerpo está listo para hacerlo. No obstante, la mayoría de nuestras madres son adolescentes. ¿Qué hacer, cómo afrontar este hecho tan preocupante? Hay que educar a los adolescentes en cuanto a la sexualidad (lo que implica educar emocionalmente), en cómo ser pareja, en qué son las relaciones y muchos otros temas.

Tu vida no sólo puede que cambie; se puede complicar más de lo que crees. Una adolescente no está lista para ser mamá, ni emocional, ni económica y ni siquiera físicamente. Un embarazo a tu edad es de alto riesgo y, por tanto, debe ser evitado a toda costa. Traer un hijo al mundo es algo muy complejo, y criarlo es mucho más difícil; es un compromiso de por vida, y al que no puedes renunciar después de contraerlo.

Enamoradiza, necesitas ayuda urgentemente porque vas por muy mal camino. Creo que estás buscando en el sexo, fuera de ti, lo que sólo dentro de ti podrás cambiar. Busca la ayuda de un buen terapeuta.

Debes amarte más a ti misma y aceptarte como eres. No tienes que parecerte a tu hermana. Tú eres única e irrepetible. Te repito: Me parece que andas buscando afecto, atención, aceptación y compañía por medio del sexo. No busques sanar fuera de ti lo que debes sanar dentro de ti. Necesitas ayuda profesional urgente.

¡Que Dios te bendiga y te guíe! ¡Él te ama, no lo dudes!

Hola, señora Nancy:

Disculpe la molestia; lo que sucede es que yo tengo diecisiete años y desde hace más o menos unos cuatro meses siento ganas de tocarme y de tener relaciones. ¿Es esto normal a mi edad? Tengo miedo porque soy muy católica y pienso que eso está en contra Dios. He platicado con un sacerdote y me dice que es normal, sólo me recomienda que no cometa nada malo, ahora… ¿Esto se quita pronto? Ni siquiera tengo novio. ¿Es bueno que me toque o no? Por favor, necesito su respuesta. Muchísimas gracias.

Dios la bendiga.

Atte.

La Niña

Querida Niña:

Siento decirte que ya no eres una niña sino una adolescente, y a tu edad todo esto es normal. Bien por el cura que te aconsejó. Tocarte no es nada malo ni tener relaciones tampoco, aunque debes esperar más tiempo y hacerlo responsablemente.

Las religiones han hecho que la masturbación en los jóvenes esté rodeada de culpa y rechazo. La masturbación sigue siendo la práctica sexual más popular entre los jóvenes y las personas que no tienen pareja. Es recomendable para per-

sonas de uno u otro sexo, y a cualquier edad, a pesar del prejuicio —cada vez menor— que existe en contra de esta práctica. Hoy más que nunca estamos recomendando la masturbación como una forma segura de satisfacer las necesidades sexuales y lograr una mejor respuesta sexual en el futuro. Por muchos años se nos dijo que esta práctica estaba asociada a problemas de salud y disfunciones sexuales, pero hoy sabemos que es todo lo contrario.

Muchos sexólogos recomendamos la masturbación como la mejor opción disponible en un mundo donde abundan las infecciones de transmisión sexual, un mundo donde los embarazos no deseados entre adultos y adolescentes ocurren con frecuencia.

Asimismo existen muy buenas razones para masturbarse: los estudios demuestran que un alto porcentaje de las mujeres anorgásmicas —lo que antiguamente se llamaba frigidez o mujer frígida— nunca se masturbaron. Creo que eso tiene mucha lógica. ¿Te imaginas que un gran lanzador saliera al terreno de juego sin calentar el brazo? ¿Cabe pensar que un niño que no sabe gatear puede salir corriendo?

La masturbación prepara la respuesta sexual del hombre y de la mujer; los mantiene activos sexualmente, pero seguros y a salvo de funestas consecuencias. Los seres humanos que se mantienen activos sexualmente tienen una mejor respuesta y por más tiempo, o sea que ¡a masturbarse más!

Respeto profundamente los valores y las creencias de las personas que piensan diferente a mí, pero los exhorto a revisar lo que ha descubierto la ciencia, a leer sobre sexualidad y a cuestionarlo todo. El fanatismo genera mucho dolor y muerte en el mundo. El fanatismo florece en la ignorancia. No te guíes por verdades absolutas. Busca, investiga, indaga, sé curiosa y, sobre todo, no te cierres a lo nuevo o a lo que no va de acuerdo con lo que crees.

Todos los grandes sexólogos y terapeutas sexuales incluyen la masturbación entre los medios para superar disfunciones sexuales. Créeme: no te van a salir pelos en las manos, no te vas a debilitar ni te vas a volver adicta. Todo eso es mentira. Lo único que se ha demostrado que puede producir la masturbación es culpa a quienes piensan que es algo malo.

Necesitas educación sexual urgentemente, y el sacerdote no te la puede dar. Compra libros, lee; si tienes más dudas, vuélveme a escribir.

¡Dios te guíe y te cuide! ¡Eres muy inocente para esta época y para tu edad!

Hola:

¿Cómo está, doctora? Las siguientes líneas son para saludarle y al mismo tiempo preguntarle qué es la eyaculación precoz y cuáles son los mejores métodos para prevenirla.

Adiós; que Dios la bendiga. Quedo a la espera de su respuesta,

Fernando

Querido Fernando:

Muchos jóvenes se angustian por este tema, y con justificada razón. La mayoría de los varones jóvenes tienen menos control sobre su eyaculación, pero logran ejercer un mayor control a medida que envejecen. En mi país hablamos de tener sexo como los gallos... o sea, muy rápido. ¿Has visto usted alguna vez aparearse a un gallo y a una gallina? Probablemente no; es tan rápido que a uno no le da tiempo ni de enfocar bien. El tiempo que se tarda en eyacular mientras se hace el amor es una preocupación muy común en los hombres de todas las edades. De cada diez cartas o llamadas que recibo, por lo menos siete son acerca de la eyaculación precoz y cómo controlarla.

La característica fundamental de la eyaculación precoz es que el hombre carece de un control adecuado sobre ella, lo que se traduce en que llega al clímax involuntariamente.

Aunque los sexólogos sabemos que a muchos hombres les encantan "los rapiditos" aun después de adultos, la verdad es que un buen amante es todo lo contrario. Mientras que un hombre está listo para penetrar y tener un orgasmo en sólo tres minutos, una mujer necesita de 15 a 30 minutos de estimulación para tener un excelente encuentro sexual.

Para equilibrar esta diferencia se requiere educación. Los jóvenes pueden y deben aprender a controlar su eyaculación. Al contrario de lo que se ha dicho sobre cómo lograrlo, ese manejo se consigue concentrándose en sus sensaciones, no distrayéndose del acto sexual. Varios sexólogos enseñan paso a paso en diferentes libros los ejercicios necesarios para lograr "ese disfrute concentrado y controlado".

Una de las principales causas de esta disfunción sexual es la ansiedad, algo muy común entre la gente joven. Tal ansiedad obedece a dos razones

principales: la ausencia de una educación sexual integral y las circunstancias en que se realizan las primeras relaciones sexuales (por ejemplo, en un carro y de forma rápida, con sentimientos de culpa, ansiedad y miedo a ser descubiertos). La educación sexual derriba los mitos y tabúes que existen en torno a la sexualidad, que es algo tan hermoso e importante para cualquier ser humano.

La buena noticia es que esta disfunción sexual es la más fácil de corregir, y por lo general sólo es necesario hacer los ejercicios indicados por un especialista. Si así no se resuelve, hay que acudir a un buen terapeuta sexual.

¡Que Dios te bendiga!

Querida Nancy:

Soy un joven de veintiún años. No me diga abusador, pero mi novia tiene dieciséis años. Ella está empeñada en tener sexo conmigo. Es virgen, pero siempre insiste en que yo la haga mi mujer, contra mis deseos. Yo me resisto, la aconsejo y ella me dice que no le importa nada, que parece que no la deseo. Tenemos varios años de relación, pero las cosas se están extremando, pues ella quiere hacerlo.

Lo mejor del caso es que su papá es médico y un alto oficial de la policía. No sé hasta cuándo podré soportar esta situación, porque soy humano y la muchachita me gusta. Sé que si damos un mal paso podemos complicarnos la vida, pero todo tiene un límite y ella está llegando al límite de mi cordura.

¡Por favor ayúdame!

David

Querido David:

Realmente tienes un problema más difícil que ganarle a Goliat. Ella es una menor y tú no. Por mi experiencia con adolescentes, sé que cuando se deciden a tener relaciones sexuales, nada ni nadie las detiene.

Existe otro agravante y es lo del papá. No es una situación fácil para ti. Es muy difícil controlarse cuando se está enamorado, pero tienes que hacerlo.

Creo que la única solución a largo plazo es buscar orientación sexual para ella y de paso también para ti. Si aún así se deciden a tener relaciones sexuales, eviten un embarazo. Control es lo que necesitas ahora, ¡mientras encuentras cómo salir del problema!

¡Suerte, la vas a necesitar! De verdad estás feo para la foto y estrujado para el video.

Querida Nancy:

Soy una niña de quince años. Mi novio y yo nos queremos y deseamos tener relaciones sexuales. Cuando él va a penetrarme, me siento indecisa y no puedo hacerlo. Él me dice que de lo único que me debo cuidar es de no quedar embarazada. Vengo de una familia de alcohólicos, ya que mis padres lo son.

La Quinceañera

Querida Quinceañera:

A tu edad no es recomendable tener sexo con penetración. No estás preparada para hacer frente a ese hecho. Es una irresponsabilidad hacer algo cuyas consecuencias no puedes asumir.

Existen varios puntos que debes considerar:

1) La posibilidad de quedar embarazada. ¿Puedes mantener y educar correctamente a un niño? Un embarazo a tu edad es de alto riesgo, o sea, tienes más posibilidades de tener problemas médicos relacionados con el embarazo. Un embarazo terminaría con tu vida en cuanto a educación y cosas que deben hacer jovencitas como tú. Ya no podrás bailar hasta tarde, salir sin problemas, terminar una carrera, etcétera.

2) La posibilidad de contagio de infecciones de transmisión sexual, tales como herpes, sida, virus del papiloma, etcétera.

3) Si quieres evitar un embarazo debes usar anticonceptivos. Desde tan temprana edad eso es desastroso para tu salud, pero es lo más seguro. Al empezar a usarlos debes ir al ginecólogo y, ya que estarías activa sexualmente, hacerte una prueba de Papanicolaou cada seis meses.

4) Los riesgos a nivel emocional son mayores. Si él te deja y no estabas del todo decidida a tener sexo con penetración, empezarás a sentirte mal.

5) La primera experiencia sexual es algo muy importante que marca la vida para siempre y afecta la futura respuesta sexual.

6) El hecho de tener padres alcohólicos empeora la situación. Toda persona con familia alcoholizada debe ir a terapia familiar. Por favor asiste a terapia antes de tomar cualquier decisión. Esta circunstancia te lleva a buscar afecto. El sexo no es la única forma de que te brinden afecto; recuérdalo.

7) La primera relación sexual no es algo que se hace para complacer a otro. El aspecto emocional es sumamente importante. Los hombres, como no han aprendido a bregar con eso, como no manejan bien sus emociones, no se dan cuenta de su importancia. Una mujer que confía en un hombre y se entrega, sufre mucho si después es engañada. A tu edad no estás preparada emocionalmente para afrontar las complicaciones que podrían originarse de una relación sexual con penetración.

Entre dos malas opciones, se debe escoger la menos mala. No debes tener sexo con penetración, pero si decides hacerlo, si después de leer todo esto sigues decidida, cuídate de no salir embarazada y usa preservativos para evitar una infección de transmisión sexual.

¡Que Dios te guíe, lo necesitas!

Querida Nancy:

Soy una asidua televidente de su programa. Espero que Dios la siga bendiciendo e iluminando para que nos siga educando de la manera en que lo hace.

Soy una joven de dieciocho años. Nunca he sido feliz. Mi problema es que me deprimo con mucha facilidad, me siento sumamente sola en el mundo. Hace un año y cinco meses tuve relaciones sexuales. Fue mi primera relación con una persona que yo creía que era diferente a las demás. Es un hombre realizado profesionalmente, hijo único. Él no me trató como a una mujer sino como a un objeto, ya que sólo quería que yo fuera una más de su colección. La última vez que estuvimos juntos fue todo muy bonito, pero fue la última vez que lo vi.

Él nunca me llamaba, yo era siempre quien lo buscaba. Después de mucho sufrimiento y muchas noches sin dormir, conocí a otra persona que al principio me trataba como el primero nunca me había tratado. Me llamaba todos los días, me decía cosas bonitas, pero tiene un problema y es que es casado, sin hijos. Como usted sabe, la mujer que está con un hombre casado debe estar preparada para muchos momentos amargos, como son la soledad, el sentimiento de culpa y muchas cosas más. Acabo de enterarme de que su esposa está embarazada. Me siento muy mal porque mi ilusión era que él no tuviera hijos con ella, ya que supuestamente ella no podía. Me siento mal. Él no es como antes, me llama menos. Cuando yo no lo llamo, sus amigos me llaman para decirme que él me quiere. Él también me lo dice y yo no sé si creerle o no. Sinceramente, estoy confundida.

La Confundidísima

Querida Confundidísima:

Amiga, tú no te quieres mucho a ti misma. Primero buscas a alguien que no te presta atención y que al parecer sólo te usó como si fueras un vaso plástico: bebemos en él y lo tiramos a la basura. Ahora te enamoras de un hombre que no está libre. Las telenovelas han hecho un flaco servicio a nuestra comunidad. Le han vendido a la gente la idea de que para casarse, para tener una pareja, para que el amor funcione, amarse es suficiente. Ésa es una gran mentira. Resulta imposible tener una relación con alguien sin que exista esa química, eso que llamamos atracción, amor, pasión, deseo. Sin lugar a dudas, éso es lo primero que se necesita, pero no es lo único. Para que el amor funcione, se necesitan otras cosas. ¿Cuáles?

- Compromiso. Estar dispuesto a darlo todo por esa relación de pareja. Poner a esa persona en primer lugar, y a la relación, como lo más importante de nuestra vida. ¿Tú tienes eso? Yo pienso que no.

- Intimidad. Capacidad de ser tú misma delante de él. Poder hablar de lo que sientes y piensas, poder desnudarte por fuera y por dentro. Es

muy difícil desarrollar intimidad cuando nos sentimos engañados, cuando no confiamos en el ser amado, cuando esa persona tan especial no es sincera con nosotros. ¿Puede existir intimidad entre tú y él en esa situación tan difícil? Lo dudo.

- Pasión. Esto es lo que casi todo el mundo tiene; pero tener pasión no significa que todo lo demás llegará. Por desgracia no es así. Es un hecho triste, pero real: de la gente que se casa, más de la mitad se divorcia en el primer año do matrimonio. Cuando se casaron se querían, pero después de un año juntos, no pudieron funcionar como pareja. ¿Además de quererse, que más se necesita para que el amor funcione?

He extraído las siguientes reflexiones del taller "Nuevas maneras de amar" impartido por mi gran amigo el Dr. Vicente Vargas porque creo que te pueden ser muy útiles.

Razones por las cuales fracasa una relación de pareja

a) No sabemos amar

- La gente cree que el amor es suficiente para que una relación de pareja funcione, pero no es así. El tiempo que permanecemos juntos no indica que el matrimonio este "funcionando". Muchos creen que el tener muchos años de casados es garantía de que el amor está "funcionando"... qué triste manera de engañarnos. Mira a tu alrededor y descubrirás un montón de parejas amargadas, tristes, desilusionadas y que siguen juntas por miedo a la soledad, por dinero o por los hijos, pero no por amor.

- La comunicación entre la pareja es pobre.

- Una de las partes no sabe cómo crear intimidad real.

- Uno de los dos no pide lo que quiere y termina sintiéndose despechado.

b) No sabemos elegir

- Estamos con la persona equivocada.

- El estilo de vida de ambos es incompatible.

- La pareja no comparte suficientes valores y compromisos.

- Una de las dos partes tiene faltas que hacen imposible sostener una relación exitosa.

- Los miembros de la pareja no pueden darse mutuamente lo que necesitan.

Si amas a la persona equivocada, amar de la manera correcta no hará que la relación funcione. A quién eliges amar es tan importante como la elección de amar.

Te encuentras en una relación con un hombre que no está libre; antes elegiste a alguien que tampoco estaba libre emocionalmente. ¿Qué te lleva a elegir a personas que no están libres? Son muchas las razones por las que elegimos este tipo de pareja. Sigues patrones en tus relaciones que al parecer eres incapaz de cambiar. Te enamoras de personas que no quieren o no pueden comprometerse contigo, o que ya tienen parejas, o que están

recuperándose de una mala relación anterior, o que están temerosos de comprometerse, o que no te aman lo suficiente como para embarcarse en una relación seria. ¿Por qué sigues escogiendo a personas que no pueden amarte?

Éste es uno de los modelos más dolorosos y autodestructivos, ¿no te parece? Al menos sabes que haces esa elección y no puedes criticar a tus parejas por traicionarte. Cada uno de nosotros tiene áreas de su vida en las que somos retados y hacia donde arrastramos la mochila emocional de nuestro pasado.

Hay varias razones por las que te puedes sentir inclinada a escoger parejas que no están libres:

- Fuiste o te sentiste abandonada por tu padre o tu madre cuando eras niña. Por tanto, reproduces así el patrón de abandono al buscar parejas que tampoco pueden estar a tu lado.

- Tienes una baja autoestima. Si creciste en un hogar con trastornos que mermaron tu autoestima porque te criticaban siempre, te ignoraban o abusaban de ti, eso te lleva a quedarte con lo que puedas conseguir, aunque no sirva.

- Le tienes miedo a la intimidad. Mantener una relación con una pareja que no está libre es un excelente modo de evitar la verdadera intimidad. Si abusaron de ti sexual o psicológicamente cuando eras una niña y no respetaron las fronteras de tu intimidad o cuando eras joven tomaste la decisión de que no dejarías que nadie estuviera lo bastante cerca de ti para herirte de nuevo, inconscientemente te puede parecer conveniente escoger parejas con quienes nunca puedas llegar a establecer un verdadero compromiso para protegerte del dolor.

¡Aléjate de gente que está casada, que tiene otra relación o que no está interesada en comprometerse!

Creo que necesitas ayuda profesional para responder todas estas preguntas y, sobre todo, para encontrar respuesta a qué demonios te lleva a comerte las migajas pudiendo comerte el pan completo.

¡Que Dios te bendiga y te dé parte de su luz!

Querida Nancy:

Hola, soy una joven de dieciocho años. Tengo novio desde hace dos años ¿Qué opinas de un hombre que cuando le pido la formalización del noviazgo pone mil excusas y dice que no está en disposición ahora? ¿Crees que ese hombre me quiere?

Rocío

Querida Rocío:

No sé si te quiere, de lo que estoy segura es que no desea tener un compromiso contigo, y quizás con nadie. Hay gente que tiene miedo a la intimidad, a entregarse y a comprometerse. Las razones son muchas, pero sobre todo influye lo que haya vivido en su familia.

Sólo si crecemos con nuestra pareja vemos que esa "sociedad" funciona. Crecer significa "sanar" todo lo que traigo de mi niñez, de mi pasado. De ahí la importancia de poder sentarse a ver "qué parte mía" no le funciona a mi pareja, en vez de querer que mi pareja sea la que cambie. Si mi madre tuvo preferencia por un hermano, quizás yo sea celosa, y si mi esposo no conoce "mi mochila emocional" no va a entender mis arranques, mis explosiones, mis celos. Si mi esposo fue abandonado

por sus padres y sufre de una gran "ansiedad de separación", me llamará cien veces al celular, a la oficina, sólo deseará estar conmigo; mientras que yo me siento "asfixiada", perseguida... él se siente abandonado. Esto sería más fácil de entender y superar si conozco su historia, su miedo al abandono, su mochila emocional.

Es necesario que en la pareja exista justicia: dar en la medida en que recibimos. La injusticia es una bomba de tiempo para la pareja. Cuando la relación no es justa para ambos, se va deteriorando; toda relación debe tener un equilibrio. Si uno da de más, no hay justicia.

Nosotros no fuimos programados para tener una relación exitosa; nadie nos enseña a hacerlo. ¿Quién te enseñó a amar? Quien te enseñó a amar fue la relación de pareja de papá y mamá. ¿Te gustaría que tu relación de pareja sea como la suya? Si ellos tuvieron problemas, tú también vas a tener conflictos en tu relación de pareja porque ellos fueron tu universo.

Me cuentas de un hombre que no quiere comprometerse. Es muy común que a los hombres no les guste ni hablar de casarse. En algunos eso es

bien serio. Sobre todo si vivieron en un hogar muy difícil, tuvieron una madre muy dominante, han sido traicionados por otra mujer, etc. Recuerda que la pareja se basa en la pasión, la intimidad, la reciprocidad y el compromiso. Si no quiere casarse, no hay compromiso. O él busca ayuda o ponle un "Se vende" del tamaño del Brasil. El tiempo es lo único en la vida que no recuperamos; recuérdalo.

Pienso que tienes mucho que sanar. El amor no se ruega ni se mendiga. Si él no quiere nada formal contigo, sigue andando, más pa'lante vive gente en casa de concreto y hasta con vista al mar. Trabaja para mejorar tu autoestima.

Que Dios te guíe.

Identidad y autoestima

Querida Nancy:

Te escribo primero para felicitarte por tu programa, deseándote abundancia de éxitos.

Mi problema es el siguiente: Soy un joven que siente atracción física y emocional, no sé claramente, por los hombres, o sea, soy homosexual (si así me puedo llamar, ya que no he estado nunca con un hombre, en el plano amoroso).

Cuando era adolescente tuve un contacto homosexual, sólo de besos, con un niño. Yo tenía trece años y él siete. Fue algo mutuo, nos atraíamos, pero sólo fueron besos y nada más. Me siento un homosexual frustrado ya que sólo me atraen hombres que no sean afeminados, es decir, los muy machos. Yo tampoco soy afeminado. Nunca he mostrado que soy homosexual, todo lo contrario, lo he ocultado, por mi familia, la sociedad, etc. Ya sabes que es una clase rechazada. Mi vida es un desastre porque me muero por encontrar un hombre que me ame y se enamore de mí como yo me he enamorado.

Ayúdame, Nancy, ¿qué hago? No he querido ir al psiquiatra, porque creo que no me puede ayudar. Deseo con todas mis fuerzas encontrar la felicidad al lado de un hombre que me quiera. Si te sirve para responderme, te diré que mi niñez no ha sido feliz. Creo que he sido desdichado toda mi vida. Aunque no he dejado que los problemas me abrumen y he logrado un nivel profesional y cultural, creo que cada día me siento peor. Nunca pensé que escribiría esta carta, pero deseo que alguien me diga

qué hacer con mi homosexualidad. No sé cómo hacer para tener un sexo seguro, pero además de esto, deseo compartir mi vida con una persona de mi mismo sexo aunque sea a escondidas. Por favor respóndeme esta carta; necesito tu ayuda urgente.

El Homosexual Reprimido

Querido Homosexual Reprimido:

Nadie elige ser homosexual, pero puedes intentar cambiar, si de verdad lo deseas. Es posible que lo logres; al menos eso opinan personas que me merecen mucho respeto. Yo sigo con mis reservas al respecto, pero nadie sabe lo que puede lograr si no lo intenta, ¿verdad?

Confundes ser homosexual con ser amanerado. Muchas personas amaneradas no son homosexuales. El verdadero homosexual no es afeminado.

Éste es un tema muy importante y tristemente ha sido muy mal enfocado y tratado en términos generales. Antes nos inculcaban que para cambiar una conducta lo mejor era criticarla, acorralar a la persona que la sufriera, dar la idea de que eso no sería aceptado. La ciencia nos ha explicado lo contrario. Prohibir por prohibir, sin explicar, sin discutir, sin

escuchar a la otra parte que piensa lo contrario, no conduce a buen sitio. Debemos enseñar a nuestros hijos a mantener su mente abierta, a saber que ni ellos, ni nadie, están en posesión de toda la verdad. Lo contrario es funesto. La historia está llena de ejemplos horribles de las consecuencias de los dogmas, la rigidez y el absolutismo. Basta con recordar el nazismo o la Inquisición. No es sano, no conduce a nada bueno y, peor aún, limita la libertad de los seres humanos y su crecimiento.

Algunos grupos hablan a favor de los derechos de los homosexuales mientras otros discuten cómo "sacarlos de circulación". A pesar de que hace mucho tiempo que la comunidad científica considera la homosexualidad como una conducta normal, muchos "dizque profesionales de la conducta" la consideran una aberración (palabra que ya ni se usa en el vocabulario científico).

Nuevamente, nos encontramos ante el concepto de ocultar y negar la realidad para cambiarla. El mejor modo de hacer cambios es enfrentando el problema de forma adulta y sincera, hablando libremente del tema.

No es inteligente querer que nuestros hijos evadan la homosexualidad atacándola delante de ellos. Es más sano y se obtienen mejores resultados al hablar con ellos honestamente sobre la homosexualidad, valorar su punto de vista, sin fuertes emociones de rechazo y sin dogmatismos. ¿Si su hijo piensa que usted odia las drogas y está en total desacuerdo con ellas, le hablará de que está fumando marihuana? Si usted no sabe que su hijo consume cocaína, ¿lo podrá ayudar?

Todos los seres humanos tenemos un sexo físico (vulva o pene), uno psíquico (sentirse hombre o mujer) y un sexo definido según a quién deseamos a la hora de hacer el amor (a un hombre o a una mujer). El homosexual es aquel que está conforme con su sexo físico y psicológico, pero que desea y, por tanto, hace el amor, con una persona de su mismo sexo. La homosexualidad ya no es considerada un trastorno psicosexual.

Cuando no dejamos que nuestros hijos se expresen, no les permitimos manifestar su agresividad con control ni tomar decisiones libremente. Los resultados son la depresión, la rebeldía, ser sumisos al extremo de dejarse manipular por los demás y hasta la locura. Sólo el amor respetuoso

de la individualidad logra personas asertivas, creativas, productivas y sanas mentalmente hablando.

Esa primera experiencia homosexual que tuviste es considerada abuso sexual, por la gran diferencia de edad, y está penado por la ley. Espero que no lo repitas, por tu bien y el de la otra persona. Es normal que los niños hagan juegos sexuales, pero son juegos sexuales cuando la edad es más o menos similar. Debes leer sobre sexo y, sobre todo, sobre sexo seguro. No tener relaciones sin preservativos, incluso orales, es parte del sexo seguro. Hay mucho escrito sobre el tema.

¡Si sigues confundido, busca ayuda profesional y recuerda que Dios te bendice, no lo dudes!

Querida Nancy:

Quiero felicitarte por ese gran trabajo que haces; que Dios te siga bendiciendo. Nancy, mi gran problema es que estoy enamorada de un hombre casado. Tengo dieciséis años y lo amo con locura. Tengo una relación con él. Él dice que me quiere pero a veces me siento muy triste de no estar a su lado y de que no esté conmigo cuando yo lo necesito. Lo amo tanto que creo que me voy a morir si no estoy con él. Por favor, Nancy, respóndeme; de tu respuesta depende mi vida.

La Angustiada

Querida Angustiada:

Me parece que estás enamorada del amor. Nadie se muere por nadie, o al menos no debería ser así. Para amar, lo primero que debes hacer es amarte a ti misma. Si no te amas, entrarás en una relación que no es sana, en la que darás más de lo que recibas y, lo peor, te regalarás a alguien que no tiene un compromiso contigo.

Eres muy joven y eso me preocupa. Es muy difícil, por no decir imposible, que tengas una relación con un hombre casado y no tengas sexo con penetración. Ten cuidado: un embarazo no deseado y/o una infección de transmisión sexual pueden darle un giro de ciento ochenta grados a tu vida.

Me parece que tu cabeza está llena de concepciones equivocadas sobre el amor. Como siempre digo, para que el amor funcione, amarse no es suficiente. Nos crían con muchas ideas erradas sobre las relaciones de parejas. ¡Nos bombardean con mitos sobre el amor!

Los tres mitos del amor[1]

1) El verdadero amor lo conquista todo. El amor no lo es todo. Para que una relación funcione hacen falta compatibilidad y compromiso. Muy pocas relaciones terminan porque las parejas no se aman. Por lo general, terminan porque no son compatibles.

2) Cuando el amor es verdadero lo sabrás en el momento en que conozcas a la persona. Esto se considera una adicción al amor "a primera vista". ¿Qué es el amor a primera vista? ¡Deseo a primera vista! Es pura química sexual entre dos personas, y a ese lazo se le asigna más emoción de la que realmente tiene. No puedes

---

1   Según el taller "Nuevas maneras de amar", impartido por el Dr. Vicente Vargas y basado en el curso de formación "Cómo hacer que la pareja funcione" de Barbara de Angelis.

dejar de pensar en la otra persona no porque estés enamorado, sino porque estás "encendido". Otra cosa que ocurre a veces es que piensas que estás enamorándote de alguien cuando realmente estás enamorándote de su imagen, de algo que no es real, que te has creado en la mente. Has idealizado esa persona.

Experimentar esto toma poco tiempo, no así el amor verdadero. Enamorarse es la parte fácil; construir una relación saludable cuesta mucho y hay que trabajar duro.

3) Solamente hay un verdadero amor en el mundo, y ése es el único que te conviene. Hay un momento en cada relación en que nos preguntamos "¿Es ésta la persona para mí?". Creer en este mito hace que compares a tu pareja con tu fantasía de la "persona correcta" y no aprecies sus cualidades y particularidades. Además, impide que te abras a una nueva relación después de haber terminado con otra. No te dejes engañar, ¡hay muchas parejas para ti!

Es posible experimentar amor verdadero con más de una persona. Hay varias parejas potenciales con las que podrías ser feliz. Cada amor verdadero

que tenemos ensancha nuestros corazones en una dirección diferente, y cada relación nos sirve de una manera distinta. La fórmula saludable de una relación duradera es encontrar una pareja con quien seas compatible y de quien estés enamorado.

Por último, quiero recordarte que eres una adolescente que tiene una relación con un hombre que no está libre y, por tanto, no tiene un verdadero compromiso contigo. Ya comienzas a sufrir los resultados de esa relación porque cuando lo necesitas no está contigo. A medida que pase el tiempo será peor. lo necesitarás más y sufrirás más por su ausencia. Aunque el corazón tiene motivos que la razón no entiende, pienso que debes buscar ayuda profesional con el objetivo de identificar los vacíos que intentas llenar con esta relación. Debes tratar de entender las razones por las que te conformas con las migajas pudiendo comerte el pan.

Sé que nada de lo que te estoy diciendo te gusta y que es doloroso para ti. Estás enamorada, y cuando estamos enamorados todo es color de rosa, pero debo abrirte los ojos. Estoy segura de que algún día me lo agradecerás.

¡Que Dios te guíe, realmente lo necesitas!

Querida y estimada Nancy:

Aunque sólo te he visto por televisión y en el periódico, sé que muchas personas te escriben cartas contándote los problemas que les afectan. Por esta razón te escribo con todo el amor de mi persona y de mi corazón. Necesito fuerzas para seguir teniendo el valor que hasta ahora he tenido para enfrentar los siguientes problemas.

Un día tuve relaciones sexuales con una persona a la que me entregué en cuerpo y alma porque pensé que esa persona también me quería. Esa persona me mostraba mucho amor con sus palabras, su cariño, su forma de actuar, pero realmente no era así. Esa persona lo que quería era hacerme daño cuando apenas yo tenía catorce años de edad. Me dejé llevar por el amor que sentía en mi corazón, un amor que pensé que nunca se iba a terminar. Pero mi problema, querida amiga, no es que él no me quiere ni nunca me va a querer como yo lo quise a él, sino que me avergüenzo de que con apenas quince añitos ya no soy virgen. También me preocupa que cuando lo veo el corazón me palpita, aunque esa persona se haya burlado de mí. Yo todavía lo quiero, pero sé que ese amor es imposible y nunca podrá ser posible, porque para esa persona, después de que me pasara por encima, yo no soy nadie. Él dice que yo no sirvo para él ni nunca voy a servir. Esto es lo que me causa más dolor en mi corazón y me hace llorar y sentirme menos que él. Muchas personas que me quieren y saben lo que pasó me dicen que nadie es mejor que nadie, aunque tenga dinero, pero lo que más me preocupa es que no puedo olvidarlo por más que lo intento. Él fue el primer hombre de mi vida y me da mucha vergüenza que él sepa y siga diciendo

en la calle, como ha dicho, que soy una cualquiera porque me acosté con él, y que estoy acabada.
Dice que una vieja de noventa años se ve mejor
que yo porque él me comió. Yo acepto la verdad,
pero yo no puedo amar a una persona que en vez
de valorarme, lo que hace es que me deshonra.

¿Qué tengo que hacer para olvidarlo y
para sentirme orgullosa de ser mujer y de mi
persona? ¿Qué tengo que hacer para reconocer
que ningún ser humano es perfecto y que todos
cometemos errores en la vida?

Gracias por recibir mi carta. Espero tu respuesta lo más pronto posible.

Amor

Querida Amor:

Me apena mucho leer tu carta. Ese
ñame con ojos debería estar preso. Tú eres
una menor y, por tanto, no estás lista para
tomar la decisión de acostarte con alguien.

Además, un idiota que valora a una
mujer por tener o no tener himen es eso,
un idiota. Me gustaría que leyeran esta
carta los responsables de que no haya educación sexual en las escuelas. No puedo
evitar la indignación que me invade cuando
veo que una niña como tú es maltratada y
burlada de esa manera. La rabia me llena
el pecho y quisiera ser el fiscal que tranca-
ra a ese energúmeno.

Una vez una niña de dieciséis años que tenía tres marinovios me preguntó "¿Cuánto vale mi cuerpo?". Yo de inmediato pensé "¿Cuánto vale el cuerpecito de mi hija?". No existe dinero en el mundo que lo pueda comprar, y si le pasara algo, no existe dinero en el mundo que me lo pueda devolver. ¡Dios la libre y me la cuide! Pero para la niña que me preguntó, su cuerpecito no vale nada.

Estoy alarmada de oír a dizque padres decirles a sus hijas que no se casen con hombres sin dinero, cansada de oír a mujeres afirmar "no lo puedo dejar porque él es quien me resuelve", estoy preocupada por la cantidad de gente que tienen amantes pero siguen con el marido o con la esposa por "los intereses económicos". ¿Cuánto vale tu cuerpo, tus sentimientos, tu alma, cuánto?

Para una niña pobre, su cuerpo vale centavos; para las mujeres de los ricos, una casa, un Mercedes Benz, una villa en La Romana. Para algunos locos como yo no hay dinero en el mundo que pueda pagar ni su cuerpo, ni sus creencias, ni su alma. No existe nada que pueda comprar mi cuerpo que no sea el amor, la pasión, la confianza, el respeto, la dignidad y el afecto.

Mi cuerpo no tiene precio ni puede tenerlo porque es el templo de mi alma, de mi espíritu y de mis pensamientos. Mi cuerpo es el templo de mi dignidad y mi respeto por mí misma.

La crisis económica nos está quitando todo; a muchos les está quitando también su autoestima, su respeto por sí mismos, su calidad como seres humanos. Nos estamos prostituyendo; todo tiene un precio. El sexo es algo que se da a cambio de "algo". Creo que es más seria una prostituta porque por lo menos dice lo que es y en la mayoría de los casos lo hace por razones psicológicas profundas. Pero esta "liberalidad" mal entendida nos está llevando a un caos.

Nuestro cuerpo no tiene precio. El sexo debe ser un acto libre, por amor, ejercido de manera responsable, no una moneda de cambio. Los adultos debemos ser más respetuosos con los menores. Estoy casi segura que esos marinovios de la niña de 16 años no eran adolescentes. De hecho, uno de ellos era médico, por tanto era adulto. El daño no es sólo al cuerpo; el peor daño es el que se hace a la mente de esas niñitas, a su futura vida afectiva y sexual. Cuando tengas hijos, ¿te gustaría que le hicieran eso ellos? No lo creo.

Estoy segura de que no lo amas. No podemos amar a alguien que nos daña y maltrata de esa forma. Simplemente estás llenando tus vacíos emocionales con ese dizque amor. Escríbele una carta donde dejes salir todo lo que sientes y termines perdonándolo. El pobre no es más que un idiota. No te preocupes por no ser virgen; eres un ser humano hecho por Dios y Dios no hace disparates. Acude a un profesional que te ayude a valorarte más y a perdonarte.

¡Que Dios te bendiga!

Mi adorada amiga:

Soy un joven de diecisiete años y mi problema es que no sé cómo controlar la manía de mirar a otro hombre desnudo (específicamente su órgano genital). Por eso me pregunto qué tipo de persona soy, si soy homosexual, bisexual o qué. Aparte de eso, cuando empiezo a tener fantasías sexuales con hombres me digo a mí mismo que son una tontería, y cuando estoy al lado de un hombre al que me gusta mirar (sólo su órgano sexual) me siento muy incómodo y me entra una desesperación por quitarme de su lado. No resisto que se me acerquen, pero me sigue gustando mirarlos. Yo quiero que por favor me ayudes a descifrar este enigma para que pueda entenderlo.

Espero que el Señor siga derramando ese don de entendimiento y fortaleza sobre ti para ayudar a cuantos necesiten de tu ayuda como profesional.

Se despide,

El Joven Confuso

Querido Joven Confuso:

Necesitas una evaluación minuciosa para determinar qué te pasa realmente. Lo que define a un homosexual es "de quién se enamora, a quién desea". ¿Te enamoras de hombres, fantaseas con hombres cuando te masturbas?

Tu caso no necesariamente tiene que ser homosexualidad o bisexualidad; quizás

es un síntoma de otra cosa. Otra posibilidad es que realmente seas homosexual pero inconscientemente temas aceptarlo, y de ahí que rechaces a esos mismos hombres a quienes deseas mirar. Es indudable que debes buscar orientación profesional. Busca un buen sexólogo que te ayude a responder tus inquietudes. Sea cual sea el final, trata de amarte y aceptarte a ti mismo.

¡Dios te bendice, no lo dudes!

Doctora:

Necesito un consejo. Hace varios meses se acercó a mí una de mis estudiantes. Ella ahora tiene diecisiete años. Me manifestó que estaba enamorada de mí. Yo le dije que era muy complicado por la diferencia de edad. Yo tengo treinta y tres años y soy su profesor. Le expliqué que no era correcto y que podría traernos problemas. Ella me propuso, o me pidió, que por lo menos le diera mi amistad. Nunca había tenido novio y las amigas se burlaban de ella, porque además no había tenido sexo, a pesar de ser "tan vieja".

Yo le expliqué que eso se llamaba "presión de grupo" o "presión de pares", que no debía actuar como sus amigas quieran y que lo mejor es que no tuviera relaciones tan joven.

Le di mi amistad y eso hizo que nos conociéramos. En algún momento he pensado que ella tiene verdaderos sentimientos hacia mí, pero a veces pienso que sólo quiere que le ayude a que sus amigas no la vean como una "lenta" que no sale con nadie y no tiene novio. Por lo menos les hace creer a todas que somos muy amigos, con el beneficio de que yo soy "el profesor".

Varias veces ella ha buscado generar espacios privados conmigo. Alguna vez llegó a mi apartamento con un problema y como era tarde se quedó en mi casa esa noche. Aunque ella insistió y a mí ganas no me faltaron, me resistí a que tuviéramos sexo. Me decía que todas sus amigas ya habían tenido sexo, que se sentía extraña y que quería hacerlo conmigo porque me amaba. Resistí como macho. Ella durmió en su habitación y yo en la mía. Siento que luego de eso, ella me valora más. Yo he tratado de ser co-

herente con mi labor como educador y no quiero abusar de la inmadurez, la presión de sus amigas o de su necesidad, pero no sé quien está peor, si ella o yo. Yo no hago otra cosa que pensar en ella, nunca antes me había enamorado así de nadie. Yo la quiero, pero no se qué hacer, si darle rienda suelta a mis sentimientos o dejarla ir. Yo sé que llegará un momento en que no insistirá más y terminará por enamorarse de otro. Creo que eso es lo normal.

Le cuento que antes no había sentido esto por nadie. Ella logró acercarme a su familia y ahora soy muy amigo de sus padres pero ellos, aunque suponen cosas, no creen que yo vaya a perjudicar a su hija.

Gracias, le agradezco su ayuda.

Hola, querido amigo:

Estás metido en tremendo lío y no precisamente de ropa. Te has enamorado y lo que empezó como una presión de grupo para ella y un deseo de ser amigos de tu parte, parece que hoy es un verdadero vínculo de afecto con pasión de ambos lados. Llamaron al diablo y lo están viendo llegar. El amor es hermoso, es un milagro. No son responsables de sentirlo, pero sí son responsables de lo que hagan con esos sentimientos.

En tu caso la cosa está color hormiga brava, pues eres su profesor y ella es menor de edad. Esas son dos cosas muy importantes en este rompecabezas. Ambas te pueden hacer amanecer en la cárcel y tronchar tu futuro. Has actuado muy bien al no tener sexo con ella. Si de verdad la amas, espera un año; ella será mayor de edad y ya no será tu alumna. Siempre corres el peligro de que se canse de esperarte, pero puedes ser un poco más expresivo y decirle lo que sientes a ella y a sus padres. Pedirle que, si dice amarte tanto, espere a ser mayor de edad.

No hay que olvidar que la diferencia de edad es mucha. No es que sea imposible pero hay varias cosas que hay que tener en cuenta:

1. No la trates como a una niña; déjala crecer y aprender de sus errores, o sea, no te conviertas en su papá. ¡No nos acostamos con nuestros padres ni los deseamos!

2. Cuando somos mayores tenemos más experiencia, dinero y conocimientos que los menores. No los uses en su contra queriendo manejar el poder, dirigir la relación. Fracasarán si lo haces.

3. Trata de tener intereses que compartas con ella, proyectos en común, cosas que los unan y que ambos disfruten. La diferencia de edad los hará tener muchas cosas que no compartirán, como ir a bailar hasta tarde, oír música escandalosa, etc. Cuando eso ya no te atraiga (quizás ya no te atrae), a ella todavía le encantará.

4. Conózcanse bien antes de casarse y tengan presente que van a vivir una situación difícil, a la que sólo podrán sobreponerse mediante la comunicación y el amor.

Por lo demás, te deseo suerte. Eres un ser valiente y muy íntegro; te mereces lo mejor.

Querida Nancy:

Soy madre de una hija de diecisiete años que salió embarazada y no quiere decir quién es el padre de su hijo. Estoy preocupada porque pienso en lo joven que es para estar embarazada. Mi esposo y yo hemos tratado de averiguar quién es el padre del niño y no nos dice nada. Mi esposo quiere saber quién es para poder reclamarle. No quiero ver a mi hija con un niño sin padre y sin casarse, ni él tampoco.

Imagínese por lo menos un momento lo preocupados que estamos. Es nuestra hija y una adolescente. Todo pasó por las amiguitas que tiene, ya que varias han salido embarazadas y casi todas se sienten "orgullosas de estar activas sexualmente".

Necesito su ayuda, por favor dígame qué hago.

La Madre Preocupada

Querida Madre Preocupada:

Comprendo su situación, pero trate de comprender a su hija. Es muy poco lo que pueden hacer si ella no quiere decirles nada. No debemos obligar a las personas a hacer lo que nosotros queremos, sobre todo si esa persona es nuestra hija. Éste no es solamente su conflicto; es un conflicto familiar.

Me imagino lo sola que se siente y me pregunto por qué no se atreve a decirles nada.

Parece que no les tiene confianza. La confianza es algo que se construye lentamente y que se pierde en segundos. El único camino que tenemos los padres para poder ayudar a nuestros hijos es estar cerca de ellos, que nos tengan confianza. Esto se logra con comunicación, la cual debe comenzar a construirse desde que los hijos son pequeños: hay que escucharlos, hacer que se sientan importantes y amados.

En el área sexual es fundamental hablar de este tema con naturalidad para conseguir esa confianza. ¿Cómo va su hija a hablarle sobre quién la embarazó si nunca han hablado de sexo? Sé que es una menor, sé que ese embarazo, si fue provocado por un adulto, es un crimen, pero aquí lo que importa es que ya sucedió, es una realidad, y veo a su hija muy sola en todo esto. Parece que ustedes sólo están interesados en castigar a quien lo provocó; y ¿qué hace su hija con su confusión, su culpa, su dolor? Ustedes son adultos y deben saber mejor que su hija cómo bregar con los conflictos y protegerla en este momento. Es importante que esta conducta tenga consecuencias para que no se repita. Ella debe ser la mamá de su hijo, no ustedes... con todo lo que eso implica. Pero ayúdenla a terminar de estudiar y a poder brindarle un buen futuro a su hijo; nieto de ustedes, a fin de cuentas. Ella también debe entender que todo hijo tiene el derecho

de conocer a su padre; de no ser así, las consecuencias son funestas. Ésa sería una buena motivación para decir quién es el padre, pero más adelante, cuando ustedes se comporten como padres, no como agentes del FBI o de la CIA.

Es muy común que las adolescentes actúen presionadas por el grupo. En esa etapa de la vida valoran mucho a sus pares, es decir, a personas de su misma edad, compañeros de clases y amigos. Los padres son vistos como personas obsoletas, anticuadas y "fuera de época". De ahí la importancia de mantener la comunicación con ellos en este periodo de la vida y conocer a sus amigos. ¡Compartir con ellos es nuestra única arma!

Necesitan terapia familiar. Mientras tanto, dejen de pensar un poco en ustedes y piensen en su hija. Más que cuestionarla, apóyenla, díganle cuánto la aman y lo importante que es para ustedes. Sé que como padres pretenden hacer lo mejor. Olvídense de la sociedad; ella no es la única madre soltera del mundo. Si quiere tener a su hijo, que lo tenga... con el apoyo de ustedes.

Le repito que precisan la ayuda de un buen terapeuta familiar. ¡Que Dios los bendiga!

Conclusión

La adolescencia no tiene por qué ser considerada como una etapa especialmente conflictiva, comparada con otras etapas anteriores y posteriores, o con distintos momentos y situaciones de la vida, pero, ciertamente, en la mayoría de los casos, es una edad difícil.

Cuando era adolescente mi hija me decía que yo era un dinosaurio. Se reía de la música que escuchaba, de la ropa que me gustaba, etc. Si trataba de ponerme algo moderno, me miraba y me decía "¡Tú te crees que estás viva!". Es cierto que esto a veces me molestaba un poco, pero mi objetivo era muy claro: tenía que mantenerme a su lado y lograr que me viera como alguien que la entendía y trataba de complacerla, de ayudarla a lograr sus deseos. Pensé en lo que me había funcionado durante la adolescencia de mis sobrinos y recordé cómo yo había sido su tía preferida, la que les hablaba de condones, de sexo, etc. Me convertí en la mamá que siempre estaba dispuesta a llevarlos el fin de semana a la playa, y claro, todo el camino íbamos hablando de sexo. Todos preguntaban menos mi hija. Pero por lo menos me escuchaba porque sus amigas o primas también lo hacían. Así me fui colando en su grupo. Hoy todas sus amistades me siguen diciendo "tía".

Respetar su mundo, conocer a sus amigos, dar independencia vigilada y soltar la soga a medida que vemos que la saben usar bien: todo esto funciona. Se debe amar a sus amigos, permitir fiestas y paseos. En fin, poner normas pero discutiéndolas con ellos; darles libertad a medi-

da que saben manejarla y, sobre todo, saber que nosotros, los padres, debemos conocer las características de la adolescencia para entender a nuestros hijos.

Debemos recordar lo que vivimos nosotros cuando éramos adolescentes y respetar los cambios en la conducta de los adolescentes actuales siempre que sea posible. Aprender a negociar con ellos, o sea, saber cuándo ceder y cuándo decir no, aunque lo expliquemos. Ser firmes pero amorosos y comprensivos; poner límites sin encerrarlos en una cárcel; recordar que la dependencia fomenta el abuso, pero que dar demasiada independencia a quien no la sabe usar es tan dañino como sobreproteger. Escucharlos, ser sus compañeros, apoyarlos en sus sueños y hacerles sentir con hechos que siempre pueden contar con nosotros. Esto es sin duda lo más importante.

Recomendaciones

Si usted es padre, tío o abuelo de un adolescente, cómprese un libro sobre la adolescencia y léaselo, por favor.

Asegúrese de que su adolescente haya recibido educación sexual. Lo ideal es que ese proceso comience en la niñez... pero si se le fue la guagua y nunca lo hizo, ahora es el momento de hacerlo. Hoy en día un adolescente sin educación sexual integral está bajo mayor riesgo que un ser humano caminando por un campo de minas: en cualquier momento puede explotar y morir.

Y recuerde: Usted sólo puede ser amigo de su hijo en esta época. Ya no es un niño, se tiene que olvidar de eso y convertirse en su amigo. Si no lo logra, se irá muy pronto y no sólo perderá a su hijo sino que también perderá a sus nietos.

Los estudios dicen que la capacidad para tener relaciones íntimas comienza a partir de los treinta y dos años, más o menos; por tanto, tenga paciencia: un adolescente es un adulto

en construcción. Como madre de una pichona de adulto, puedo confirmarles que la satisfacción de ver lo que invertimos en nuestros hijos es chévere... ahí empezamos a ver los frutos. Suerte en esta experiencia.

Nota de la autora

Queridos amigos:

Espero que este libro les haya ayudado a sentirse mejor, aclarado dudas y quitado confusiones de su cabeza; si así fue, sé que ahora se sienten con más paz. He querido compartir con ustedes un poquito de todas las cartas que recibo, y lograr por este medio responder, ayudar, prevenir y, sobre todo, aportar algo para dejarles un mejor mundo a nuestros hijos y nietos.

Es importante que no olviden que vinimos al mundo a aprender; por tanto, hay que aprovechar los errores y tomarlos como una oportunidad de aprendizaje... eso sí, hay que tratar de no volver a cometerlos. Cuando trabajé como terapeuta en un centro de Miami que atendía a pacientes con VIH y algunos ya con sida, vi un letrero en la oficina de uno de mis colegas que me encantó; decía así, más o menos, "No tienes que resolver todas las cosas, no debes vivir angustiado, ansioso, preocupado, con la idea de que debes poner todo en orden siempre. Ése es mi trabajo". El mensaje estaba firmado por... *Dios* que Él y su Fuerza los acompañe.

Bibliografía

ABAD FACIOLINCE, Héctor, Artículo: *Elogio a la mujer brava*, Facultad de Ciencias Públicas y Administración Pública de la Universidad Autónoma del Estado de México, 2005.

BOSZORMENYI-NAGY, I. Y FRAMO, J. L., *Terapia familiar intensiva*, Ed. Trillas, México, 1991.

BOWEN, Murray, *De la familia al individuo: La diferenciación de sí mismo en el sistema familiar*, Ed. Paidós, Barcelona, 1991.

BOWLBY, .John, *Attachment and Loss, Volume III: Loss, Sadness and Depression*, Ed. Hogarth Press, London, 1980.

BOWLBY, John, *A Secure Base: Parent-child Attachment and Healthy Human Development*, Ed. Basic Books, New York, 1988.

BOWLBY, John, *Attachment and Loss, Volume I: Attachment*, Ed. Hogarth Press, London, 1969.

BOWLBY, John, *Attachment and Loss, Volume II: Separation, Anxiety, and Anger*, Ed. Hogarth Press, London, 1973.

BOWLBY, John, *Attachment and Loss: Separation*, Ed. Basic Books, New York, 1973, (citado por ALVAREZ, Nancy, Tesis: *Impacto del abandono paterno en la elección de pareja de las hijas*, Universidad Autónoma de Santo Domingo, Facultad de Ciencias de la Salud, Santo Domingo, 2010).

BREA FRANCO, Rosa Mariana, *El Duelo. Un camino hacia la transformación*, Ed. Gisela Vargas & Asociados, República Dominicana, 2002.

DE ANGELIS, Bárbara, *¿Eres mi media naranja?* Ed. Grijalbo Mondadori, Barcelona, 1994 (citada por VARGAS, Vicente, Curso: *Nuevas maneras de amar*, Santo Domingo, 1999).

DE SAINT-EXUPERY, Antoine, *El Principito*, Ed. Enrique Sainz Editores, S. A, México, 1943.

DISLA, Joaquín, Curso: *Las danzas de la pareja*, Santo Domingo, República Dominicana, 2001.

FLOWER, John et al., *Cómo educar hijos sexualmente sanos*, Ed. Martínez Roca. S. A., Barcelona, 1985.

GRAY, John, *Los hombres son de Marte y las mujeres son de Venus*, Ed. Harpe Libros. USA, 1995.

GROTH, A. Nicholas, *Men Who Rape. The Psychology of the Offender*, Ed. Plenum Press, NewYork, 1979.

KAPLAN, Helen, *La eyaculación precoz*, Ed. Grijalbo Mondadori, Barcelona, 1991.

KATCHADOURIAN, Herant A. y LUNDE, Donald T., *Las bases de la sexualidad hmana*, Compañía Editorial Continental, S.A., México, 1992.

KÜBLER-ROSS, Elizabeth, *On Life After Death*, Ed. Celestial Arts, Berkeley, California, 1991.

LAMBERTI, Silvio et al., *Violencia familiar y abuso sexual*, Ed. Universidad, Buenos Aires, 2008.

LEVANT, Ronald F. y BROOKS, Gary R. (Eds.), *Men & sex: New psychological perspectives*, Ed. Wiley, New York, 1997.

MASTERS, William, JOHNSON, Virginia y KOLODNY, Robert, *Eros. Los mundos de la sexualidad*, Ed. Grijalbo Mondadori, Barcelona, 1996.

O'CONNELL, Diane 1985, (citado por DISLA, Joaquín, Tesis: *El divorcio*, Universidad Autónoma de Santo Domingo, República Dominicana, 2001).

PIÑUEL Y ZABALA, Iñaki y OÑATE, Araceli, *Mobbing escolar. Violencia y acoso psicológico contra los niños*, Ed. CEAC. Barcelona, España, 2007.

PRESCOTT, S. y LETKO, C., *Battered women: A social psychological perspective*, Ed. Van Nostrand Reinhold, New York, 1977.

ROMERO, Leonardo, *Construyendo buen trato*, Centro de Asesoría y Consultoría, Colombia, 2006.

RANK, Otto, *The Trauma of Birth*, Ed. Kegan Paul, Trench, Trubner and Co., London, 1929.

ROBINS, Lee y RUTTER, Michael (Eds.), *Childhood personality and the prediction of life-course patterns*, Ed. Cambridge University Press, New York, 1990.

SATIR, Virginia, *The Satir Model. Family Therapy and*

Beyond, Ed. Science and Behavior, Books, Palo Alto, California, 1991.

Savage, Peter, *Los diez tipos de familias dominicanas,* Publicaciones CECAF. Santo Domingo, República Dominicana, 1993.

Savage, Peter, *La visión sistémica de la familia,* Publicaciones CECAF. Santo Domingo, República Dominicana, 2000.

Vargas, Vicente, Curso: *Nuevas maneras de amar,* Santo Domingo, República Dominicana, 2000.